U0552992

国家治理
与公共安全评论

（2021 年第 1 辑）

NATIONAL GOVERNANCE
AND PUBLIC SECURITY REVIEW
(Volume 3)

罗兴佐　主编

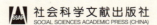
社会科学文献出版社
SOCIAL SCIENCES ACADEMIC PRESS (CHINA)

《国家治理与公共安全评论》
学术委员会

主　任　周光辉

委　员　（以姓氏笔画为序）

王郅强　卢晖临　仝志辉　冯周卓　朱正威

李伟权　李远行　肖唐镖　吴重庆　吴理财

吴新叶　张玉林　张桂蓉　张海波　陆益龙

陈柏峰　项继权　郝宇青　胡象明　贺雪峰

唐亚林　董磊明　韩自强　程同顺　童　星

熊万胜

《国家治理与公共安全评论》
编辑委员会

主　　编　　罗兴佐

副　主　编　　郭春甫　类延村

编　　委　　刘　莉　　祁泉淞　　宋玉波　　邹东升　　吴　喜

　　　　　　青维富　　罗兴佐　　周振超　　类延村　　郭春甫

　　　　　　林　雪　　石　佳　　张晓君

编辑部主任　　郭春甫（兼）

目　录

信访治理

治理理论 ▬▬▬▬▬

回溯"法理":百年中国传统法理研究中的名与实

杨森井*

摘　要：自清末变法迄今，有关中国传统法理之研究已历有百余年，其间已有诸多成果面世。从研究内容来看，已有成果可分为形式法理研究与实质法理研究两种类型，前者虽冠以"法理"之名，或以"法理"为研究对象，但注重概念溯源、考证，并未涉及抽象之理据，其又可细化为作为概念使用之"法理"与作为词源考证之"法理"；后者以研究法之观念、制度与实践背后的内在机理为内容，可分为法上之法理、法中之法理和法下之法理三个层面。总体而言，有关中国传统法理之整体或者某些断面的研究成果偶有出现，但系统化、体系化的研究尚且较为缺乏。未来需要从叩问"法理"、缘"史"求"理"、古为今用和"百家争鸣"四个方面加以推进。

关键词：法理　中国传统　形式法理　实质法理

在全面推进法治中国建设的新时代，"法理"已经逐渐成为法理学的中心命题和中国法学的共同关注。① 无论在学术层面还是在实践层面，"法理"的重要性都不言而喻。事实上，吾人对"法理"问题的关注早已有之。清末的中国遭遇了三千年未有之大变局，在法律层面而言，以西法为圭臬的新

---

* 杨森井，吉林大学国家"2011 计划"司法文明协同创新中心 2019 级法学理论博士研究生，主要从事法理学、法律文化学研究。

① 《走进法理新时代——专访"法理行动计划"的倡导者和推进者张文显教授》，《中国法律评论》2019 年第 3 期。

法逐渐取代传统旧制礼法，新法与旧法之间相互纠缠，激烈斗争，并开始关注法律条文背后的"理"。百年前，严复先生曾说："然法之立也，必以理为之原。先有是非，而后有法，非法立而后以离合见是非也。"[①] 梁启超先生亦明确指出"既有法系，则必有法理以为之原"[②]。人们逐步认识到，"法理"乃法的精神内核。在此基础上，部分学者开始回头审视退场但并未远去的旧法，从中寻找传统法的根基，用以参补、调试和推进新法的施行，由此展开了传统中国"法理"的研究。

百余年来，无数学人不断以探求传统法理、构建当代法理为旨趣，在有关中国传统法理的研究方面进行了富有意义的探索。时至今日，其成果可谓卷帙浩繁，在进一步展开探讨之前，我们必须深刻了解前辈学人做了何种工作，吾辈学人应当从哪些地方继续推进、深化。因此，我们需要对已有研究成果进行梳理和总结，辨明得失，找准方向，进而寻求突破。此举既是我们探寻中国传统法理、推进当下法理研究的重要镜鉴，更是当前法治中国建设之现实需求。此乃本文根本之研究旨趣所在。

一　中国传统"法理"研究之名实界分

从清末民初迄今，有关中国传统法理的研究赓续不断，成果丰富。从研究内容来看，既有以"法理"二字作为研究对象来对中国传统法进行的研究，也有围绕传统中国法之内在机理的各个层面而展开的研究。这些研究或者取材于中华传统经典文本，或者是律典文本，又或是对法律实践活动的抽象概括，可以说，研究成果纷繁浩杂。为了厘清百年来有关中国传统法理的研究状态，必须要以某种视角将其统合起来，以便进行整体观照与反思。基于这样的考量与促动，笔者将既有中国传统法理研究的成果分为两个方面：其一，研究"法理"之名，亦即以"法理"之名作为研究、论证的手段，

---

① 〔法〕孟德斯鸠：《法意》（上册），严复译，商务印书馆，1981，第 2 页。
② 梁启超：《中国法理学发达史论》，中华书局，1989，第 42 页。

而不是目的；其二，研究"法理"之实，即以"法理"作为研究之目的，关注法的观念（思想）、规范与实践层面的学理。①

在名实二分的基础上，笔者进一步将学界对于有关中国传统法理的研究按照研究内容分为形式法理与实质法理两种研究类型。所谓形式法理研究，即其研究虽冠以"法理"之名，或以"法理"一词为研究对象，但主要着力点在于概念溯源、考证，并未涉及抽象性的学理探讨。或者，虽有"法理"之内涵，但并未以探讨此种内涵之具体表现为研究旨趣，即只是作为分析、论证的概念"工具"而使用。也就是说，无论是涉及"法理"名词还是"法理"自身概念的研究，从本质来看都是以概念表象本身为依归，因而将其纳入形式法理的范畴。而实质法理研究，则是指涉以研究法的观念、制度与实践背后的内在机理为内容，乃是对法之内在理据的探讨。需要指出的是，部分成果虽未冠以"法理"之名，但有"法理"之实，即以研究中国传统法的内在机理为内容，则亦归之为实质法理的范畴。质言之，形式法理与实质法理的划分标准为是否以"法"运行、变化、发展过程中的理据作为具体之研究内容，前者关注法理之"式"，后者注重法理之"理"。

二　形式法理之研究

根据前述分类，形式法理的探究包括两个方面：其一，作为概念的法理，亦即将"法理"作为分析、论证的概念"工具"而使用；其二，作为词源的法理，其主要着力点在于概念溯源、考证，并未涉及抽象性的学理探讨。

（一）作为概念的"法理"：传统中国有无法理之论争

中国古代没有"法理学"这一学科，亦缺乏对于法理的系统研究，这

———————

① 在这里，所谓的"实"，是指在中国传统法运行、变化、发展过程中展现出来的，具有抽象性、普遍性和超时空连续性的法之内在规律。

是不争的事实。但是，这是否意味着中国古代就没有法理呢？百年来，学者们围绕"中国传统是否有法理"的命题进行了论争。

法理既是法之道理、法之内在理据，则法理的存在必然依附于法①的存在。因而，传统中国是否有法理取决于中国传统是否有法。在部分人看来，由于传统中国没有法的存在，更毋论是否存有法理之问题。持此类观点者主要为欧美之法律东方主义者②，在他们看来，尽管传统中国很早就有律典，但是，因为缺乏现代"法学"的核心——民法，所以传统中国的法并不是"真正"法律的范畴。他们以西方法为中心来审视中国传统法，从西方现代法的"法治"之标准来否定传统中国法，则必然会得到一个传统中国"无法"的结论。③ 葛兰言在《中国文明》一书中指出了传统中国的无法性，宣称"从任何角度看，中国人的秩序观念中皆不包含法律观念"④。更有甚者，托马斯·史蒂芬斯认为中国法甚至不配冠以"法学"的称谓，取而代之的是，他提出了一个名曰"献媚学"的新词，以适用于传统中国"无法"的研究。⑤ 总之，在西方世界的东方主义者看来，中国传统的法律价值本身就值得怀疑，甚至其内在是反"法"的。因此，在法律东方主义者看来，传统中国是无"法"的，自然也就不存在"法理"。

法律东方主义者以其自身的法律规范及其标准来评判中国传统法律之阙如，这是西人的学术傲慢和偏见。美国学者络德睦著有专文批判法律东方主

① 此处所提之"法"应当严格区分于"法学""法理学"等概念，是广义上的法。
② 当然，国内亦有部分学人指出传统中国没有"法学"。钱剑夫先生曾撰文指出："中国在封建社会里，只有'律家'，没有'法家'；只有'律学'，没有'法学'，只有'律治'，没有'法治'（有的时期连'律治'也谈不上）。至于所谓'法学'或'法理学'，乃是欧美法系流入中国以后的产物，清末以前是没有的。"参见钱剑夫《中国封建社会只有律家律学律治而无法家法学法治说》，《学术月刊》1979 年第 2 期。需要指出的是，钱剑夫先生所谓的"法学"，是现代法治视野下的法学，而非基于中国传统语境下对"法"的理解，也就是说，此观点仍然关注的是法的形式要件，而不是实质内涵，未免是一种简单的"套用"。
③ 参见〔美〕络德睦《法律东方主义：中国、美国与现代法》，魏磊杰译，中国政法大学出版社，2016，第 12 页。
④ 〔法〕葛兰言：《中国文明》，杨英译，中国人民大学出版社，2012，第 590 页。
⑤ See Thomas B. Stephens Order and Discipline in China：The Shanghai Mixed Court, 1911-1927, University of Washington Press, 1992, p. 115.

义者,在他看来,中国传统的"无法性"是被西方建构起来的一种历史偏见,欲在构建一种以西方为主导的法治(政治)话语权力,是一种政治(意识形态)考量而非历史事实。"其中,最有才华的实践者之一是孟德斯鸠,或许较之其他任何人,它更多地将'专制'与'法律'对照起来,并进而将前者放逐到东方……尽管专制政体是欧洲之外的一种普遍的统治形式,但孟德斯鸠却将其天然定位在亚洲,中国便其作为亚洲的一个原型。"① 国内早在民国初年就已经开始关注该问题。② 梁启超认为,中国传统既然有数千年赓续不断的法制文明,那么必然有中国传统社会对法之理的理解,这就是传统中国的法理。他曾指出,"近世法学者称世界四法系,而吾国与居一焉……既有法系,则必有法理以为之原"③。梁氏认为,既有中华法系,则必有中国之法理,此观点影响后世至深。

经过 20 世纪 80 年代以来的法律文化反思,学人逐步认识到不能以西方的标准来考察中国古代的法,亦不能以现代人的标准来简单套用,而是要站在传统的时空背景下思考什么是中国古代的法,也就是从形式判定到实质分析的深化。④ 通过对传统"法"的实质性研究,目前学界已经逐步摆脱了以西方标准判断中国有没有某种学问的风潮,已经形成的基本共识是,传统中国没有现代意义上的"法学",但是有自己的"法",这个"法"既包括律典中的法律条文,也包括"礼"。这个过程大致是从 20 世纪 80 年代到 21 世纪初这段时间,其间涌现出一批优秀的学术成果。⑤ 当代学者方面,张中秋指出,"在现代法学体系中,法理学原是西方科学知识的一部分,但大凡自

① 〔美〕络德睦:《法律东方主义:中国、美国与现代法》,魏磊杰译,中国政法大学出版社,2016,第 16 页。
② 就民国时期来看,沈家本《法学盛衰说》以律学为古代法学,梁启超《中国法理学发达史》、王振先《中国古代法理学》均以先秦诸子法律思想为古代法学。
③ 梁启超:《中国法理学发达史论》,中华书局,1989,第 42 页。
④ 在他们看来,人类的繁衍和文明的传承都必然建立在秩序的基础上,这种规范化的"秩序"也就是实质意义上的法,中西方都在追求秩序及正义,只是对秩序和正义的理解有差异,因而导致对"法"的理解不同。
⑤ 具有代表性的成果如梁治平《法辨:中国法的过去、现在与未来》,中国政法大学出版社,2002;张中秋《中西法律文化比较研究》(第五版),法律出版社,2019;马小红《礼与法:法的历史链接》,北京大学出版社,2004。

成系统而有特色的法律文化都有自己的法理。中国传统的法理是我们先贤关于法的基本问题的实践理性和历史经验的凝结，是作为一种文明秩序的中华法系的共通理论"①。与此相似，陈景良亦认为，中国古代有自己的法理，而法的原理（亦即法理）源于中国文化的共通性。他指出，"在人类文明史上，不同人文类型的法系，有着不同的法理。在中国古代，法理源自于中国文化的共通性"②。因此，中国传统有其自身的法及其法理。③

（二）作为词源的法理：历史典籍中之"法理"考证

部分学者紧扣"法理"词源概念的出现、变化发展以及相关时代背景进行考察，以考证的方式对"法理"一词进行史料溯源。通过对历史典籍中"法理"的考证，学者们试图厘清传统中国"法理"概念的内涵，一方面，以此种方式来说明"法理"自古有之，且自有其义；另一方面，对古今"法理"的内涵进行辨析，呈现出古今"法理"的实质差异。

在这方面，程燎原和陈翠玉的研究具有代表性。程氏注重"法理"的古今差异，他曾著文对传统中国"法理"、清末和民国"法理学""法律哲学"的词语来源及其流变进行考证，认为中国传统有其法理，但是法理学、法律哲学这些概念都是舶来品，并进一步指出，"古代文献中的'法理'二字，往往指法律事业本身或律学，抑或兼指法的道理、原理、常理，而不是学科系统的法原理或法学说。这不是说中国历代的诸子思想中，缺乏对法问题的深刻思考，或者缺乏法的思想、义理，而是说此'法理'二字，并不意味着就是对这类思想、义理的系统性的学科建构，就是'法理之学'。易言之，此'法'之'理'，未必可用今日所谓'学科'称号。先秦诸子和后世儒家的法思想，也未必可以用此'法理'二字来总归，至少在字面的

---

① 张中秋：《概括的传统中国的法理观——以中国法律传统对建构中国法理学的意义为视点》，《法学家》2010 年第 2 期。

② 陈景良：《宋代司法中的法理问题》，《公民与法》2009 年第 3 期。

③ 俞荣根先生有专著论及此问题，参见俞荣根《中国传统法学述论——基于国学视角》，北京大学出版社，2005。

意义上是如此"①。陈氏则系统爬梳了中华经典文献中的"法理",概括分析出中华经典文献中"法理"一词的使用情况及功用。在她看来,"法理"是中国传统所固有的名词、概念和术语,首次出现于《汉书·宣帝纪》中,以"法理之士"的形式被使用,此后,历朝皆有"法理"的表述出现,"法理"活跃于立法、释法、司法和国家治理等领域,并随着朝代变化、法制变迁而在内涵上有所增进,形成了自己的问题意识、指称对象和运思逻辑,甚至其含义、用法及功能与现代法理概念有着诸多相通之处。② 通过全面、详细的考察,陈著展示了"法理"内涵自有汉以来的变化发展。进而"正本清源地科学标示出本土的固有概念之属性,有助于我们穿越语言的丛林,抓住历史洪流中的传统法理兴起、发展和变迁的基本脉络,开启尘封已久的通向中国古代法理的大门。这有助于我们重新认识关于'中国古代是否有法学'的争论,为审视和评价传统法学问、法实践的发展水平提供一个新的观察视角。这还将为反驳'传统中国没有法理'、'法理学在中国从来没有出生'等论调提供有用的理据,从而治愈中国法理学乃至整个中国法学的'无根惶恐'和'文化失语'两大症结,提升国人开展自主性法治建设的民族自信和文化底气"③。此外,还有部分学者亦涉及对"法理"的概念考证。④

我们知道,近代以来,中国法学大量学习和引介日本法学。其中就包括"法理"的概念,其乃是日本学者穗积陈重首次在翻译欧陆法学时所确用,后为国内学人所引介并沿用至今。因而,虽欲以词源考证来证明中国传统有

---

① 程燎原:《中国近代"法理学"、"法律哲学"名词考述》,《现代法学》2008年第2期。
② 参见陈翠玉《中华经典文献中法理概念之考辨》,《法制与社会发展》2019年第6期。
③ 陈翠玉:《中华经典文献中法理概念之考辨》,《法制与社会发展》2019年第6期。
④ 邓长春围绕着"法理"一词在南北朝时期出现的情况来考察当时法学理论和法学制度的深刻变化,力陈"法理"概念之变迁为"法学盛衰的晴雨表",以此展示中国传统有法理。参见邓长春《中古法制文明论——以"法理"为中心的考察》,《现代法学》2014年第3期。陈景良着重考察了宋代的"法理",参见陈景良《宋代"法官"、"司法"和"法理"考略——兼论宋代司法传统及其历史转型》,《法商研究》2006年第1期。张文显教授的文章亦有部分涉及"法理"词源的历史考察,参见张文显《法理:法理学的中心主题和法学的共同关注》,《清华法学》2017年第4期。

法理，亦只能说明有"法理"二字，而无法探究法理之实质内涵，更不可能有效建立起形式法理与实质法理的古今对话。在一定程度上来说，这样一种词源考证的方式亦是对"传统中国有法理"这样一个命题的实证性回应与证明。

三　实质法理之研究

实质法理的研究又可以根据问题指向的不同分为三个方面：法上之法理，即观念（思想）中的法理，是对中国传统法的正当性的考察；法中之法理，即规范（制度）中的法理，是对中国传统法的结构、规则进行概括、提炼；法下之法理，即实践中的法理，是对中国传统法的运行、展开之机理进行研究。①

（一）法上之法理：思想中的法理

法上之法理所追问的是法的正当性及法的来源问题，亦可理解为人们对法是什么、法为什么是什么以及法如何变成法诸问题的思考，是认识和理解中国传统法的核心部分。② 梁启超就曾主张"求法理于法文之外"，以求得"法学之效用"。③ 张中秋亦指出，虽然中国没有西方那样完整系统的法学，但它有自己独立系统的法律学术，而指导这种法律学术的思想理论亦即法哲学，因而，中国传统法哲学（法理）的探寻需要关注法是什么、法的价值

---

① 此种分类受郭栋启发，但又有不同，详情可参阅郭栋《法理的概念：反思、证成及其意义》，《中国法律评论》2019 年第 3 期。

② 在这里，法上之法理具体涉及人们如何看待"法"，亦即人们的法观念、法思想，进而在更高层面上涉及法之为法的终极理据问题——法本体研究。

③ 梁启超曾指出，"故近世解释派（专解释法文者谓之解释派）盛行，其极端说，至有谓法文外无法理者，法理实由后人解剖法文而发生云尔。虽然，此说也，施诸成文法大备之国，犹或可以存立，然固已稍沮法律之进步。若夫在诸法樊然淆乱之国，而欲助长立法事业，则非求法理于法文以外，而法学之效用将穷"。参见梁启超《中国法理学发达史论》，中华书局，1989，第 42 页。

是什么以及如何实现法的价值这三个根本问题。① 张中秋力图通过中国传统法哲学的研究来"呈现出对中国传统法哲学的精神、本体、价值、方法、正义观以及人性论和现代转型这些基本问题思索的共同趋向"②。在其新近所著的《中国传统法本体研究》中，他指出，中国传统法本体的内涵直接来说是情理/德礼/仁义，终极来说是天理/天道/自然和道德，这表明中国传统法本体是一个动态的理据链。③ 该文是张中秋对法之终极性命题的思考。整体来看，张中秋的法本体是一个动态的、链式的法本体，犹如明月照大川，同一轮明月，相同的内核，在不同时期有着不同的面相呈现，是"理一"下的"分殊"。与之不同的是，武夫波在其法本体的研究中另辟蹊径，他从法哲学的视角揭示了中国传统法本体存在、生成、展开和运行的基本逻辑，勾勒出传统中国法本体在不同时期、不同流派中的基本面貌，根据其观点，尽管不同流派、不同时代具有不同的法本体，儒、墨、道、法，各有其本体，但是，天本体是综合精英、普通民众与主权者三方倾向的法本体形态。④ 这些争鸣对于推进传统中国之"法理"研究无疑是非常有益的。

事实上，有关法上之法理问题的研究成果是非常多的，但是就内容而言，这些成果的关注偏于阶段性，少成体系，其中，尽管部分研究或冠以"法哲学"之称谓，但仍可以归之为法理的研究范畴。⑤ 具体涉及如下几个方面。其一，这些成果或是对某一时代的法观念（思想）进行研究，这些

---

① 参见张中秋《为什么要探讨中国传统法哲学（代序）》，载张中秋编《道与法：中国传统法哲学新探》，中国政法大学出版社，2016，第 2 页。

② 张中秋：《道与法：中国传统法哲学新探》，中国政法大学出版社，2016，第 3 页。

③ 参见张中秋《中国传统法本体研究》，《法制与社会发展》2020 年第 1 期。

④ 参见武夫波《传统中国法本体研究》，法律出版社，2020，第 39~142 页。

⑤ 有关法理学和法哲学之关系，当前学界分歧为二。一方认为法理学和法哲学相区分，法理学关注从法学家的理论和视角研究法律问题，而法哲学则是"法学家问，哲学家回答"，乃是从哲学家的立场审视法及其背后之理。参见〔德〕考夫曼《法律哲学》，刘幸义等译，法律出版社，2004，第 10 页。相关专文论述可参见黄文艺《法哲学解说》，《法学研究》2000 年第 5 期。另一方认为法理学与法哲学通用，例如博登海默法理学著作即名为《法理学：法律哲学与法律方法》。为研究之客观全面，笔者在论及中国传统法理时会包含对"法理""法理学""法哲学"的综合考察。

研究多借助于古文献、汉字考证以及考古学等知识，多集中于对上古早期中国的法观念。① 其二，对中国传统法理中的某一个人、派别的法思想进行研究，尤其是有关先秦诸子中的儒墨道法诸家法学思想的研究成果比较多，且多冠以"法哲学"的称谓。这种研究取向发轫于民国时期，彼时，国家"诸法樊然淆乱"，近代法制发展仍在起步阶段，受限于时势，彼时之法学研究以考据学与思想史为蔚风，即使是王振先以"法理学"命名的《中国古代法理学》，其内容上亦主要是偏于法律思想史的研究。② 因而，就本文的关注点来看，民国学人对于中国传统法理的研究主要集中于法律思想层面的探讨。主要代表有吴经熊、杨鸿烈、陈顾远、邱汉平等，他们的研究往往与思想史的研究勾连、互训，成为中国思想史研究之组成部分。③ 近 40 年来，学人对纯法律思想流派的关注已经涉及多个方面，包括人物法律思想的

---

① 代表性成果如，郭锦《法律与宗教：略论中国早期法律之性质及其法律观念》，在该文中，作者通过对西周青铜器铭文的解读，考察了西周的诉讼程序、法律性质，指出彼时法律具有一定的宗教性质。参见〔美〕郭锦《法律与宗教：略论中国早期法律之性质及其法律观念》，载高道蕴、高鸿钧、贺卫方主编《美国学者论中国法律传统》（增订版），清华大学出版社，2003。另据郭氏在文中所言，其博士学位论文《以古文字材料来探讨中国早期法制史及其法律观》亦关注中国早期之法律观，遗憾的是该论文尚未在国内出版发行，笔者未有机会拜读此文，未能进一步拓展讨论。武树臣教授在《仁·太极图·金（法）——中国古代法哲学探源》一文中通过对甲骨文"仁"字的考据，认为金（法）的伦理基因来自中国传统的"仁"，此乃对早期中国法的性质进行了探讨。参见武树臣《仁·太极图·金（法）——中国古代法哲学探源》，《法学杂志》2015 年第 9 期。此外，张晓笑、吴欢等亦著有专文进行相关探讨，参见张晓笑《先秦"天"观念的法哲学阐释》，《浙江社会科学》2014 年第 8 期；吴欢《国制灵魂：先秦"天命—革命"观及其法哲学意蕴》，《原道》2014 年第 1 期。

② 参见王振先《国学小丛书：中国古代法理学》，商务印书馆，1925。

③ 吴经熊曾将孟子的性善论与自然法思想进行整合研究，参见吴经熊《法律哲学研究》，清华大学出版社，2005，第 230~245 页。王振先在其著作中亦对法家的法治精神进行总结与阐释，参见王振先《国学小丛书：中国古代法理学》，商务印书馆，1925，第 21~38 页。邱汉平对慎道法律思想亦有研究，参见邱汉平《慎子的法律思想》，载何勤华、李秀清主编《民国法学论文精粹》（第一卷），法律出版社，2003，第 337~350 页。杨鸿烈先生的《中国法律思想史》纵览回顾了自殷商至清末中国传统法律思想的发展演变全过程，开启了近代法律思想史研究的先河。参见杨鸿烈《中国法律思想史》，商务印书馆，2017。

研究、断代法律思想的研究。① 整体而言,这类的成果多、涉及面广,但成体系者不多。

(二)法中之法理:制度中的法理

根据前述的划分,法中之法理是有关法的内在结构、运行规则的理论抽象和概括,是对中国传统法之自身内在运行结构的考察。因此,法中之法理的探求主要通过阐释、抽绎律典文本(法的载体)来展开。张中秋对此有较为深刻的认识,他在研究中指出,中国传统法的基本原理为"道德原理"②,基本结构为"一体二元主从式多样化"③,后在前述基础上又明确提出中国传统法的特征有四个方面,分别是有机一体、二元主从、辩证发展和道德人文。④ 可以看到,从原理到结构再到特征,张中秋较为系统地对中国传统法的内在运行机制进行了探究。此外,亦有学者从传统中国律典文本中对中国传统的法理进行研究,蒋楠楠是其中的代表。她以《唐律疏议》为研究对象,抽象出其中所蕴含的法理要素和基本法理。她在研究中指出,《唐律疏议》的基本法理为"君亲无将,将而必诛":有关国家君主与臣民

---

① 如杨鹤皋对商鞅、董仲舒、贾谊、墨子,刘笃才对包拯,杨恩瀚对秦始皇、韩非,段秋关对刘安,屠凯对戴东原、曹端、顾炎武等,都撰有关于法律思想(或者法哲学)的专文。这类成果颇为丰富,难以逐一统计,在此仅稍做列举,以为例证。当然,这并不意味着当代学者对法律思想流派的研究阙如,俞荣根、武树臣、王沛等都有代表性成果可资参阅。参见俞荣根《儒家法思想通论》,广西人民出版社,1998;武树臣《儒家法律思想》,法律出版社,2003;王沛《〈论语〉法观念的再认识:结合出土文献的考察》,《华东政法大学学报》2012 年第 1 期。

② 张中秋将中国传统法的根本原理归纳为"道德原理",认为道、德的有机统一是中国传统法哲学的根本精神。相关论述可以参见张中秋《概括的中国传统的法理观——以中国法律传统对构建中国法理学的意义为视点》,《法学家》2010 年第 2 期;张中秋《传统中国法的精神及其哲学》,《中国法学》2014 年第 2 期。

③ 一体,是指由国家法和民间法构成的秩序统一体;二元,是指国家法与民间法构成的两个秩序系统;主从式,是指整个社会秩序由以国家法为主的社会大秩序和以民间法为从的社会小秩序构成,即使这两个秩序系统有部分交叉和重合,但宏观上看主要还是主从式关系;多样化,是指国家法与民间法的多样性,包括国家法中的律、令、格、式、科、比、敕、例、礼等,以及民间法中的家法族规、乡规民约、帮规行规等。参见张中秋《中国传统的法秩序及其构成原理与意义》,《中国法学》2012 年第 3 期。

④ 参见张中秋《中国传统法特征新论》,《政法论坛》2015 年第 5 期。

关系的基本法理；"礼不下庶人，刑不上大夫"：调整官僚贵族与百姓关系的基本法理；"讲信修睦"：调整百姓内部之间关系的基本法理。① 除了直接以"法理"为对象考察某部或者某朝的律典文本，还有学者从立法语言、立法体例等角度对律典文本进行了实证研究，从而揭示律典中的内在逻辑结构及法律运行的机理。②

就笔者所关注到的材料来看，目前学界对于制度中的法理关注明显不足，可资查阅的文献不多。究其原因，笔者认为，相比于法上之法理与法下之法理，制度中的法理需要具备扎实的律典知识、高度抽象概括的能力和灵敏的学术嗅觉。如果没有熟练掌握中国传统律典文本知识，不深入了解传统中国千年法制沿革，那么，研究者就难以真正理解律条中的法意，更不能在此基础上形成抽象的理论概括。因而，其"门槛"不可谓不高。但是，从另一方面来说，这恰恰是学人日后可以也是应该用力之处。

（三）法下之法理：实践中的法理

在司法实践中探寻法理，则主要是有关司法理论的研究，诸如司法理念、司法原则、司法正义等方面，考察的是法的内外部互动的机理。这类研究多以实践为依据，试图抽象出传统中国司法的存在样态和基本原理。一提到中国传统的司法，我们自然而然地就想到"天理""国法""人情"，亦即情理法。的确，一段时间以来，法学界对于情理法的关注度很高，③ 无论是概念辨析还是案例分析，情理法都是现代学人探究传统司法的重要切入角

---

① 蒋楠楠：《传统法典中的法理及其现代价值——以〈唐律疏议〉为研究中心》，《法制与社会发展》2019年第5期。

② 例如，在有关《唐律疏议》的研究中，刘晓林从立法语言、立法体例的角度进行了较为深入的考察。可参见刘晓林《唐律立法体例的实证分析——以"不用此律"的表述为中心》，《政法论坛》2016年第5期；刘晓林《唐律中的"罪名"：立法的语言、核心与宗旨》，《法学家》2017年第5期；刘晓林《〈唐律疏议〉中的"理"考辨》，《法律科学》（西北政法大学学报）2015年第4期。

③ 通过知网搜索可以看到，仅就近三年来（截至2020年12月），以情理法为研究主题的学位论文（硕士、博士）就超过30篇，可见这是一个历久弥新的主题。

度。情是环境性的、人际的人之常情，具有特殊的普遍性，理涉及人性之根本问题，是社会（人们心目中）赖以存续之理据。融情理于国法之中，以期成为对国法之僵硬、难以变通的补充，恢复秩序，重返和谐，这是大部分研究情理法学人的基本共识。当然，寺田浩明与黄宗智有关“情理”与“法律”之争亦可以包含在这个主题内。① 崔永东有专著对中国传统的司法思想进行研究。他通过采取学派、人物和著作相结合的方式，考察了传统司法思想对司法制度的影响，进而概括出司法制度中体现的司法理念，即仁道司法观、中道司法观、和谐司法观。② 目前而言，这是少有的以中国传统的“司法思想”直接作为研究对象的著作。此外，霍存福将情理法祝为传统中国的文化性状，把对于法律的情理化或者情理性理解作为古人对法律精神、法律基础的文化追寻，并重点探讨了情理作为司法要求发轫于断狱，扩展于以情理去理解法律的依据、法的精神。③

张中秋等亦有专文对中国传统司法理念及其实践进行研究。他们指出，中国传统的司法理念是“平”，亦即等者同等、不等者不等的动态的合理正义观。为了将“平”的司法理念落到实处，中国传统一是进行体现“平”的制度建设，一是追求“平”的司法实践。为了证成其观点，张中秋等援引《名公书判清明集》中的案例进行分析，指出“就司法实践言，有两种观点：一是主张依法断案，司法审判不应求曲当、尽善，实质是追求蕴含于法中的义的公平、合理；二是主张在断案时，则应注重曲法以伸情，实质是追求蕴含于法中的仁的重生、恤刑。这实际上是一种相辅相成，亦即仁与义的辩证统一，内中体现了‘平’的应有之义”④。此外，还有部分有关司法

---

① 参见〔日〕寺田浩明《权利与冤抑——寺田浩明中国法史论集》，王亚新译，清华大学出版社，2012；〔美〕黄宗智《法典、习俗与司法实践：清代与民国的比较》，上海书店出版社，2003。

② 参见崔永东《中国传统司法思想史论》，人民出版社，2012。

③ 参见霍存福《中国传统法文化的文化性状与文化追寻——情理法的发生、发展及其命运》，《法制与社会发展》2001 年第 3 期。

④ 张中秋、潘萍：《中国传统的司法理念及其实践》，《法学》2016 年第 1 期。

理念、司法原则等方面的成果。①

可以说，因为有具体的历史案例可资研究，学人对法下之法理的研究是较为深入的。诚如上文所展示，这一部分的研究是从案件中来论述的，可视为法律之内的探求；部分是从法律之外的方式来探求的，具备法社会学等交叉学科的视野，这是法之实践性的必然。可以预见，随着交叉学科的视角和方法的引入，实践中的法理之研究亦将迎来研究范式的新突破。

四　研究检讨与未来突破

通过对中国传统法理已有研究成果进行名实二分梳理，我们可以看到，尽管传统中国没有法理学，亦没有对法理的系统研究，但中国传统有其法，且内含着法的内在理据，亦即法理。因而，有关中国传统之法理研究具有理论上和实践上的紧迫意义。既有研究呈现出对传统法律思想和法律实践的关注，此种现象可以追溯到民国时期的学术传统，彼时考据之学与思想史研究为蔚风，杨鸿烈、陈顾远、程树德等前辈即是其中之代表。他们长期占据中国传统法研究之学统，直至改革开放以后，随着"文化热"以及学术争鸣的到来，真正意义上的中国传统之法理研究才发展起来，② 如果按照学术传承来看，迄今大致亦不超过两代学人。就目前已有的研究成果来看，围绕有关中国传统之法理的整体或者某些断面进行研究的成果较多，但围绕"法本体—法生成—法运行"的逻辑进路展开的系统化、体系化的研究尚且较为缺乏。另外，一个值得注意的现象是，进入 21 世纪以来，在市场经济的引领下，部门法，尤其是民商法、经济法等与市场经济关系密切的部门法学

---

① 这方面的代表成果有范忠信等《情理法与中国人》，北京大学出版社，2011；徐忠明《情感、循吏与明清时期司法实践》，上海三联书店，2014；陈景良《宋代司法中的法理问题》，《公民与法》2009 年第 3 期；张伟仁《天眼与天平：中西司法者的图像和标志解读》，《法学家》2012 年第 1 期；高明士《东亚传统法文化的理想境界——"平"》，《法制史研究》（中国台湾）2013 年第 23 期。

② 此处所谓"真正意义上的中国传统之法理研究"乃是本文所划分的实质法理层面的研究，亦即关注法之观念、制度与实践背后的内在机理。

科得到了空前的繁荣发展，反观理论法学科，则在一定程度上受到 "冷落"，直接的结果是，有关中国传统法理之研究成果明显减少。然而，这样一种尴尬而艰难的处境并不意味着对中国传统法理研究已经完成或者毫无意义，"问题" 仍然在那里，仍然没有解决，我们无可逃避，这也意味着吾辈学人的任务相比前代学人更加繁重、紧迫。

回溯学人对中国传统 "法理" 之研究，笔者认为亟须在以下四个方面推进。

其一，叩问 "法理"。当下，"法理" 概念的不明确给中国传统法理的研究造成一定阻碍。尽管有着 "法理泛化" 的表象，但是 "法理" 作为一种共识性的概念仍未被凝练出来，"法理" 的内涵与外延依旧模糊，甚至把 "法理" 作为法理学研究对象和中心主题亦尚未成为理论自觉，致使 "法理" 在应为 "法理之学" 的法理学知识体系、理论体系、话语体系中处于缺席或者半缺席状态，因而在部门法中也没有引起足够的关注和倾力。① 在这种情况下，如何理解、探寻中国传统的法理就遇到了前提性的困难，即以何种方式、在何种范围内进行研究出现分歧，这对于探寻中国传统的法理是巨大的掣肘。② 在已有的研究中，有学者从传统经典文献中对法的内在理据进行研究，有学者从律典中探寻法理，亦有学人通过研究司法实践来提炼法理。③ 可以说，不同的路径背后体现了由于 "法理" 概念的含混所导致的学人们的认识差异。所幸的是，法理学界已经深刻意识到了这种混乱所带来的

---

① 参见张文显《法理：法理学的中心主题和法学的共同关注》，《清华法学》2017 年第 4 期。

② 由于 "法理" 概念的限定不明确，也就引发了有关中国传统 "法理" 的研究问题，即中国传统 "法理" 的研究需要包含哪些方面的内容，是经典文献、律典规范还是司法实践？抑或是三者的综合？孰轻孰重？此外，不同的内容所应用的方法亦有差别。本文虽没有具体对该问题展开论述，但通过第二、第三部分的框架类型划分，其中亦暗含着笔者对法理边界之设定，初步认为，法理可分为法上之法理、法中之法理和法下之法理三个层面。

③ 如武夫波从《春秋繁露》对汉儒董仲舒的法本体进行了较为深入和系统的思考。参见武夫波《董仲舒法本体论初探——基于法哲学研究的视角》，《中华法系》第六卷，法律出版社，2015，第 369~393 页。蒋楠楠对《唐律疏议》进行梳理，以探寻律典中的法理，参见蒋楠楠《传统法典中的法理及其现代价值——以〈唐律疏议〉为研究中心》，《法制与社会发展》2019 年第 5 期。有关司法中的法理，可参见张中秋《概括的中国传统的法理观——以中国法律传统对建构中国法理学的意义为视点》，《法学家》2010 年第 2 期。

严重后果，正在采取行动深化"法理"研究，① 但就目前而言，我们做得还不够。

其二，缘"史"求"理"。法学是一门实践的学科，我们探究中国传统之法理，所要解决的问题不仅是"是什么"的问题，更重要的是回答"为什么是什么"以及面向当下以及未来的"如何是什么"。也就是说，我们是为了从法制传统中找寻出具有抽象性、普遍性和超时空的连续性的规律，并通过理论的辨异、改造以转化为当下法治发展可资借鉴的经验指导。具体而言，我们不仅要发现过去的法律条文、司法判例以及法制变迁这些具体"事"（事件、材料、制度），更要关注到"事"背后的理（事理、学理、原理），用法的概念、原理和方法以及哲学的抽象来观察和解剖"事"，从中挖掘出隐藏在这些"事"背后的"理"，抽绎并提升为法的正当性的分析和关于法的价值分析，进而探寻出"法理"。就此而言，学界对中国传统法理的研究仍然是严重不足的，百余年来的研究成果显示，真正在理论层面来探讨中国传统法理问题者不多，完全以此为志业（研究领域）者更是少数。诸如法的本体、法的结构、法的原则、法的展开逻辑等，系统、深入的研究尚不多见。② 因而，如何在传统法制史研究的进路外开辟出法律史的"义理"之路，这是我们面向千年法制传统借鉴、吸收经验的新路径。

其三，古为今用。目前，学人对于中国传统之法理的各个层次的关注还较为欠缺，那么，对于古今变换、古为今用的主题的关注则更是明显不足。对于中国传统法理的探究，总体的展开路径应该是对法律制度及其文本进行归纳、总结，从而抽绎出法理，对传统的法理进行现代化的改造与转化，进而适用于当下。前一阶段是理论基础准备，后一阶段是理论的价值重构，后一阶段依托于前一阶段，但后一阶段显然比前一阶段的研究更重要。但是，

---

① 由张文显教授倡导和推进的"法理行动计划"截至 2021 年 1 月已经召开了 16 次例会，"法理"相关的研究作品不断涌现。可以看到，"法理"已经逐步成为法理学的中心主题和中国法学的共同关注。

② 从文献的角度来看，纯粹以研究中国传统"法之内在理据"的法理为指向的成果较为少见。因而，本文的研究就不得不建立在广泛意义的"法理"研究基础上，将法文化、法学思想以及司法等领域中有涉及"法之理"的作品都尽可能地纳进来。

显然目前存在的困难，一方面是因为前期基础研究不足，古今变换难以为
继；但是，在另一方面，更重要的或许是观念的问题，亦即人们对于传统文
化在当下社会的价值怀疑。由礼法转换为政法，传统律法势难重生于现代法
治环境中，但是，作为我们历史文化的核心部分，"法理"并不会完全退出
我们的民族精神和血液，仍然在或隐或显地影响着我们的法治建设。① 这里
边的问题在于，我们是否真的正视过我们的法律传统？是否静下心来做
"无用之学"？我们需要足够的勇气来面对自己的传统，实证地、客观地研
究中国传统之"法理"，从法史中抽绎出法理，加以理论改造和建构，用以
支撑、指导当下的学术发展，助推现代法治文明建设。

其四，"百家争鸣"。就目前来看，对于中国传统法理之研究，主要集
中于法律史学人身上，其他学科则绝少参与。其实，就"法理"而言，法
理是法之理论抽象，它并没有固定的学科界限，各部门法中都有自身的法
理，亦即我们当下所称谓的部门法理学或部门法哲学，它们作为法理的一部
分散见于各个部门法当中。那么，对于中国传统之"法理"的研究，就不
能是法律史学人或者历史学人的"分内之事"。"一切历史都是当代史"，部
门法学科亦可以深入部门法史学中的部门法理学研究，从而推进对中国传统
之"法理"的研究，这是可欲且又亟待展开的研究取向。此外，诚如吴经
熊先生所言，研究我国的旧法制的哲学基础，"其答案绝对不能在法制以内
去找，要在法制以外去转念头"②。因此，就方法论层面来看，研究中国传
统法理亦可以在多元学科的背景下来展开，吸收、借鉴其他学科的理论和视
角，用以参补法学学科在法理研究中的不足。

---

① 诚如殷海光所言，就文化的变动性来看，文化的变动可以分为三个步骤：第一步是外层的
改变，即器物文化的改变；第二步是中层的改变，即制度文化的改变；第三步是内层的改
变，即文化的基本前提、价值、观念和伦理规范的转变，亦称为思想的改变。自外层到内
层，价值密度越大，文化的抗阻力也就越大。参见殷海光《中国文化的展望》，中华书局，
2016，第373页。因此，可以说，传统文化亦包含法文化，虽已经不能重新恢复，但是，
随着历史的延续与传承，作为"华夏民族"的我们，自然有着过去的"烙印"以区别他
族，而这些"烙印"就是我们传统（法）文化的精髓与核心，在法学层面而言，就是我们
所要去努力探求的中国传统之法理。
② 吴经熊：《法律哲学研究》，清华大学出版社，2005，第57页。

五　结语

法理问题是法学学科的基源性问题，亦是现代法治和法治现代化的核心内容。通过考察百年中国传统法理中的名与实，我们看到了有关传统"法理"研究的基本状态，从中看到了成果，亦发现了不足。总而言之，探求中国传统法中的法理，其根本旨趣在于发现、了解和重塑我们自身的法律文化传统，重新审视本土的法律精神，进而管窥中国传统法律文明之基本性状与存在样态，以期更好地借鉴、吸收外来文化，用以推进我国法治文明之建构。

当然，在有关中国传统法及其相关的研究中，笔者反对"食古不化"的教条式研究和口号式的简单套用，更加反对"自古有之"的断章取义，我们只有走进历史的场域，在彼时彼世的背景下来探求，才能真正窥探中国传统法及其精神的真貌。在中国的法治现代化进程中，前人尝以西法统率中法，对西法亦步亦趋，因而导致中国法治进程之曲折艰难，究其根本，即在于吾辈没有弄清楚自己需要什么样的法治而急于"拿来"，造成"南橘北枳"的尴尬与窘迫境地。因而，就其学术价值而言，百余年来，对于中国传统法理的研究和关注虽有起伏波荡，但其研究价值在"法理"已经逐渐成为法理学的中心命题和中国法学的共同关注之际，在全面推进法治中国建设以及在世界多元文化交往的过程中，都将不断变得更加重要。可以说，中国传统法理是我们法学研究之古今勾连、中西比较的"关键钥匙"。

国家治理：概念演变与中国语境

白　锐　林禹津*

摘　要：国家治理已经成为政治学和公共管理学中的重大问题，但治理概念的来龙去脉及其在中国语境中的精确意蕴仍未厘清。本文从概念史的角度梳理治理的发展脉络，尤其是在当代中国现代化进程的背景下，为国家治理找到符合理性主义逻辑同时又契合当代中国语境的理念构成；挖掘思想史上的治理观念要素，结合当代中国国家治理的实践与文本，刻画治理概念衍生的知识地图；认为国家治理概念既有其理性主义与专业主义的根基，也有因当代中国治理体系与治理能力现代化建设实践而更强调治理的根本制度建构、资源积累以及理论提炼的发展。

关键词：国家治理　专业性　现代化　国家建构

一　引言

国家治理体系和治理能力作为衡量社会主义国家现代化的标准，其重要性与日俱增。2020 年 10 月，党的十九届五中全会明确提出，将基本实现国家治理体系和治理能力现代化作为 2035 年社会主义现代化的远景目标之

---

*　白锐，政治学博士，暨南大学公共管理学院/应急管理学院副教授，主要从事政治学理论及公共行政学基础理论研究；林禹津，暨南大学公共管理学院/应急管理学院硕士研究生。

一。① 过去的 20 余年，中国学者围绕着国家现代化转型及其治理、国家治理体系与治理能力、政府治理与社会治理等方面的实践与理论发表了大量研究论文和学术著作。归纳起来看，相关研究的主要成果集中在以下几个方面。第一，对中国国家治理概念的诠释，梳理治理、国家治理、国家治理体系、国家治理能力等一系列核心概念。② 第二，对比中国国家治理与西方治理理论研究，指出两种概念之间存在的异同，并将西方治理理论作为扬弃的对象。③ 中国国家治理的"治理"指的是公共管理的方式、方法、途径、能力，而不是指市场化、私有化，不是指"无需政府的治理"，不是指"多一些治理，少一些统治"。④ 第三，对国家治理体系和治理能力的规范性研究，⑤ 探索中国建立现代化治理体系的理论范式、实践基础和实施途径。⑥第四，对国家治理研究的反思，从多个角度探讨国家治理模糊内涵和无限扩大国家治理外延的研究窘境。⑦

　　学术界对国家治理理论与实践的探讨方兴未艾，但同时也有学者提出，应该对国家治理热话题进行冷思考，尤其应该对现有研究进行综合深入述评与反思，为国家治理实践推出具有具体指导意义的理论体系。本文以国家治理专业性为重点，全面梳理西方与近现代中国的国家治理发展历程，并从历史交汇点的角度，探讨国家治理体系与治理能力现代化的核心意蕴。

---

① 《中共中央关于制定国民经济和社会发展第十四个五年规划和二〇三五年远景目标的建议》，《人民日报》2020 年 11 月 4 日。
② 薛澜等：《国家治理体系与治理能力研究：回顾与前瞻》，《公共管理学报》2015 年第 3 期。
③ 徐湘林：《"国家治理"的理论内涵》，《人民论坛》2014 年第 10 期。
④ 王绍光：《治理研究：正本清源》，《开放时代》2018 年第 2 期。
⑤ 薛澜、李宇环：《走向国家治理现代化的政府职能转变：系统思维与改革取向》，《政治学研究》2014 年第 5 期。
⑥ 蓝志勇、魏明：《现代国家治理体系：顶层设计、实践经验与复杂性》，《公共管理学报》2014 年第 1 期。
⑦ 尚虎平：《"治理"的中国诉求及当前国内治理研究的困境》，《学术月刊》2019 年第 5 期。

二　国家治理的专业性：思想史的考察

在对国家治理理论进行梳理前，有几个概念需要厘清。一般我们认为"治理"一词是因由英文 governance 一词而来，根据王绍光对国外主要治理理论成果的整理，加上对中国古典文献中涉及治理文字的理解，治理虽有多种含义，但主要是指公共管理（治国理政）的方式、方法、途径和能力。①"政府"一词出现很早，广义上的政府，与行政权相联系，涉及具体的行政管理事务。正如卢梭所说，政府是社会契约两方的中间人，"政府只不过是主权者的执行人"②。公共管理学与行政管理学界较早使用的"行政"和"行政管理"概念，与当下使用的"治理"一词，虽不能说内涵、外延完全一致，但主要内容是重合的。因此，在本研究的视阈内，从公共管理的核心职能——管理、指挥、协调、控制、服务、协助等——来说，治理、政府、行政和行政管理等的内涵高度契合。本文将从这个角度使用治理、政府以及行政概念。

卢梭在论及行政的功能时，将它比拟为执行精神力量的物理力量，他把"行政权力的合法运用称为行政"，且政府是国家这个共同体内部的另一共同体，它并不参与社会契约的订立。③ 政府或行政功能的独立性，来源于行政领域的专业性或专门性。当我们讨论国家治理的专业性时，集中考虑的是协调和控制的行政官僚机构的自身发展水平及其与构成社会的个人和群体之间的关系。④ 因此，在完全展现出治理领域的专业性前，国家首先需要完成从传统国家向现代国家的转型。在率先完成现代国家建构的西欧，其国家—政府理论与政治实践相互推动，相辅相成。随着现代国家在欧美的逐步建

---

① 王绍光：《治理研究：正本清源》，《开放时代》2018 年第 2 期。
② 〔法〕卢梭：《社会契约论》，李平沤译，商务印书馆，2019，第 64、76 页。
③ 参见〔法〕卢梭《社会契约论》，李平沤译，商务印书馆，2019，第一章"政府总论"。
④ 〔美〕西里尔·E·布莱克编《比较现代化》，杨豫、陈祖洲译，上海译文出版社，1996，第 9 页。

立，国家完成了对宗教、道德和暴力的祛魅，在理性主义制度建构和世俗主义文化建设的基础上，新兴民族国家展现出了前所未有的自主性，国家治理的专业性也在此根基上得到了进一步的发展。进入 20 世纪后，在国家能力不断提升与市场失灵的双重推动下，西方国家的专业性得到前所未有的强化，行政官僚机构成为国家的代表。直到大政府的弊端凸显，公共行政又成为理论反思的批判对象。在新自由主义思潮的影响下，这种理论反思也引领着探寻公共行政以外的国家治理工具的思考。

（一）国家与治理关系的初生期

国家与治理关系初生期的第一个特点是国家仍然未从社会关系上完全脱离，国家与社会高度合一。现代国家的雏形出现于中世纪晚期以后的欧洲，其时旧式帝国与天主教的控制力逐渐变弱，小公国与城邦又束缚着资本主义经济的发展，以民族作为单位、以君权作为中央控制权的国家形式应运而生。无论是博丹、格劳秀斯，还是马基雅维利都最早洞察到，国家作为一种典型的政治组织在自己的领土内享有至高无上的主权，并发挥调节和控制其他社会组织的作用。[①] 在同期的法国，王权在战争中借助民族主义情绪的力量，逐步夺取了地方的、封建的、代议的权力，掌握国家的税收与军队，法国成为国家权力高度统一与集中的主权国的最佳例子。马基雅维利意识到这种政治演变对国家作为一个政治实体的重要意义。在《君主论》中，他大力推崇君主专制主义，重视获取和掌握政治权力的术，是源于他期望实现国家作为意大利最高政治实体的实际需求。[②] 唯有国家将权力从教会、各级封建领主、地方势力集中到一个主权者手中，国家才具备现代主权国家的首要特点。

国家与治理关系初生期的第二个特点是政权与治权的合一。尽管国家已经出现，但国家治理仍然没有脱离国家主权者完全掌握。霍布斯在《利维

---

① 〔美〕乔治·萨拜因：《政治学说史》，刘山等译，商务印书馆，1990，第 407 页。
② 〔意〕尼科洛·马基雅维利：《君主论》，潘汉典译，商务印书馆，1986。

坦》中指出，国家中最重要的角色是主权者与臣民，权力只有两极，即主权者与臣民，作为中介的政府或管理阶层没有出现。在谈论国家行政时，霍布斯主张最好的行政机关是代表会议形式的，以议行合一来执行行政功能。他甚至以当时的弗吉尼亚为例，主张最好的行政是由主权者派驻总督，因地制宜地管理当地。很明显，现实世界中政权与治权并未完全分开，而霍布斯这样的理论家也并不认为有分开的必要。① 洛克的契约理论虽然仍然只有两极，但他开始区分权力属性。洛克总结了中世纪晚期几位思想家的成果，承前启后地将国家权力区分为立法权、执行权和对外权。立法权是指拥有权力来指导如何运用国家的力量以保障这个社会及其成员的权利，执行权是负责执行制定的和继续有效的法律且经常存在的权力，战争与和平、联合与联盟以及同国外的一切人士和社会进行一切事务的权力则称为对外权。② 由此，本是为了规范国家权力的权力划分，在洛克的理论阐述中第一次以执行权的形式显现了国家治理的专业性，并在英国的政治实践中得到印证。孟德斯鸠第一次以现代世界理解的方式对国家权力进行了划分，权力划分更加规范，同时也显示国家治理的普遍的理性标准正在形成。正是这种现代国家理论的建构，将国家以主体的身份建立在理性的基础上，并赋予其最高政治实体的强大权力，作为国家诸多功能之一的工具属性才可能成为相对独立的研究对象。

在国家与治理关系的初生阶段，尽管国家治理的专业性并未完全凸显，但国家治理的理性主义思想基础已经开始表现出来。霍布斯虽然仍然以神学的语言与理论来建构国家，他本人也确是虔诚的基督教徒，但其理性主义的理论内核是革命性的。从认识论的角度，他认为人们判断性的学识和见识，都应该服从于事实性的知识，一切学识和见识甚至宏大理论，都建立在知识的基础之上；从这个意义上，他认为国家的建立也有其可以为人人理解的基础，这个基础即是人们为了自保而签订的社会契约。到卢梭这里，理论的神

① 参见〔英〕霍布斯《利维坦》，黎思复等译，商务印书馆，1985，第178~182页。
② 〔英〕约翰·洛克：《政府论》（下篇），叶启芳、瞿菊农译，商务印书馆，1964，第89~90页。

秘主义成分进一步被剥离，契约是依理性主义的精神而订立的，而这时作为工具理性体现的政府正式作为契约中的中间人出现。卢梭在《社会契约论》中指出，公共力量需要有一个适当的代理其行动的人，在公意的指导下发挥作用；他将充当国家与主权者之间的联系，将对公共人格发挥作用。事实上，政府是主权者的执行人。①

（二）国家治理专业性的确立期

国家治理专业性的确立期的第一个特点是，现代民族国家的政权与治权相对分离。工业革命和城市化进程致使公共事务日益增多，是近代欧洲国家不断扩张治权的根本动力，扩张治权正是为了处理和调和更加复杂的公共关系。在民族国家的建构过程中，德国、法国、英国等欧洲国家都更加重视通过国家治理，对内积极地推动社会现代化，对外有针对性地运用国家权力参与国际竞争。这种国家治理活动的强化导致两个后果。其一，个人或单个机构组织难以同时掌握政权与治权和承担相应的责任，国家治理的具体活动便不能再与表达公意的政治活动相混杂。其二，日益膨胀的治权引起个人私域的担忧与不安，"政府是必要的恶"的论断正是反映了私人领域对政府代表的公共权力的高度警惕。于是，将治权与政权加以划分并交由不同的组织统制与相互制衡，便是可欲的选择。承袭着洛克、孟德斯鸠和卢梭的思想，政府的活动便愈发地指向国家治理的具体过程，而主权者的公意表达则交由代议制议会或名义上的君主。至 1900 年，古德诺（Goodnow）的《政治与行政：对政府的研究》通过对传统三权分立理论的扬弃形成了"政治是国家意志的表达，行政是国家意志的执行"这一经典论断：议会毫无疑问负责制定法律，政府负责执行法律。法院通过运用对具体案件的判决权也制定法律，又同时行使审判职权以执行法律。因此，只能想象有两种权力：制定法律和执行法律。② 由此，公共行政作为政府进行国家治理活动正式地从政治

---

① 〔法〕卢梭：《社会契约论》，李平沤译，商务印书馆，2019，第 64 页。
② 〔美〕弗兰克·J·古德诺：《政治与行政：一个对政府的研究》，王元译，复旦大学出版社，2011，第 6~8 页。

生活中抽离，踏上追寻理性主义和专业主义的道路。

公共行政或国家治理的理性主义倾向，是国家治理专业性的确立期的第二个特点。当公共行政作为国家治理的具体过程从政治活动中独立出来，它似乎便可以专心追求效率这个理性的目标。因此，彼时的公共行政实践与研究都试图探寻建立在事实性知识基础上的治理行为准则，从而达到追求效率的目标。围绕这个目标，公共行政学师法工商管理的经验，这些经验就包括了泰勒和法约尔最早总结的管理活动准则。此后，韦伯强调科层制正式组织对管理活动的积极作用①，切斯特·巴纳德则强调组织中个人与团体之间多层面、网格状、非正式组织等的重要性②。赫伯特·西蒙吸取了社会系统学派和行为科学的思想，形成有限理性决策理论。他提出"目标层级"的概念，由于目标可能依赖于其他更为遥远的目标，这些目标需置于层级安排中——每一层级都是相对较低层级的目标，又是实现较高层级目标的手段。③ 事实上，上述学者的思想和理论属于整个管理学科，管理学则有着明确的目标和清晰的理性主义路线。正是政权与治权的分离，为公共行政和国家治理活动的理性主义倾向和向管理学靠拢创造了条件。可以说，在 20 世纪上半叶，西方公共行政或国家治理活动凸显了对私营部门管理技术和经验的借鉴，是公共行政作为国家治理主要工具彰显理性主义的阶段。

国家治理的专业性就是上述两个特点的发展结果和集中表现。当我们讨论专业性时，我们一般是指一项工作需要经过相应的培养和训练，获取较为深度的专业知识才能胜任的特性。国家治理的专业性可以从两个方面窥见。

第一是公共行政或国家治理的具体过程处于政治与管理的交汇处而形成的专业性。一方面，行政与政治的分化已然不可逆反，但公共行政依旧需要秉持其政治母体的价值追求。乔治·弗雷德里克森代表的新公共行政学派提

---

① 〔德〕马克斯·韦伯：《经济与社会》（上卷），林荣远译，商务印书馆，1997，第 242~245 页。

② 〔美〕切斯特·I. 巴纳德：《经理人员的职能》，王永贵译，机械工业出版社，2007，第 3~6 页。

③ 〔美〕赫伯特·A. 西蒙：《管理行为》，詹正茂译，机械工业出版社，2019，第 72~73 页。

出以公平与民主作为公共行政的目标和基础，主张政治与行政相关联且政策制定与执行不可分离，批判传统公共行政单纯追求效率的理念。① 另一方面，公共行政对管理技术的借鉴虽然还存有争议，但其活动的特性本身与管理学和管理主义是相通的。回顾公共行政的历次进步与革新，我们都可以清晰地感受到私营部门管理技术或理论的影响。因此，处于政治与管理交汇处的公共行政萌发出兼顾公平和效率的专业性要求。

第二是行政机构膨胀与其内部逐渐分化而诱发的专业性。20 世纪中期以后，国家内部的行政机构在历史因素的作用下达到了前所未有的复杂程度，形成"行政国家"现象。② "行政国家"即是指公共部门的工作人员在人数上大为增长，而行政部门也相应地在结构与功能上大为增加并且复杂化。在理性主义和规模膨胀的双重作用下，行政机构必然呈现结构分化的态势。人们期待行政机构会像一个精密而理性的机器，忠实地执行政治系统传达的任务。在政府之内，经过特殊训练的行政人员被安排到各个行政部门。通过技术上的、观念上的甚至是法律上的训练，行政人员被要求准确无误地执行各种命令和完成各种国家治理任务，未经此类训练便难以胜任，国家治理的专业性也由此体现。

（三）新自由主义思潮下国家与治理的再耦合

20 世纪 70 年代，当强调政府干预的凯恩斯主义陷入困境时，一股强大的新自由主义思潮席卷了西方的政界与社会科学界。公共行政作为国家治理的一种工具进入反思阶段，那些曾让位于行政干预的治理工具以前所未有的方式与公共行政相结合，异彩纷呈的各种思想流派都试图探寻一条交叉融合的治理路径。

二战后，"福利国家"制度逐步在欧洲国家建立，国家借以政府的公共行政手段为公民提供更多的公共服务，这对资本主义社会带来深远影响。哈

---

① 〔美〕H·乔治·弗雷德里克森：《新公共行政》，丁煌、方兴译，中国人民大学出版社，2011。
② 白锐：《"行政国家"解析》，《云南行政学院学报》2005 年第 2 期。

贝马斯在《合法性危机》中指出，资本主义社会已经分化为政治行政系统（作为分化出来的控制中心）、社会文化系统和经济系统。晚期资本主义以政治行政系统提供的社会福利政策表现不佳，社会文化系统便不会以大众忠诚回馈政治行政系统。① 关于表现不佳的福利政策，公共选择学派认为，干预主义意味着公共行政工具的频繁使用，直接后果就是政府规模不断扩大，在其他条件不变的情况下，官僚制的解决方法必然使社会资源的使用效率低于市场的解决方法。② 当资本主义滞涨危机浮现时，新自由主义学派的领袖哈耶克的思想和著作便被奉为圭臬。

新自由主义思潮促使英美进行了一系列私有化改革，全面削弱国家干预行为，在政治行政改革的影响下，公共行政也发展出新公共管理学派和治理学派。戴维·奥斯本提出建立"具有企业家精神的政府"的十大原则，致力于将私人管理经验和理念引入公共服务领域。他提出政府再造的定义，政府再造是指对公共体制和公共组织进行根本性的转型，以大幅提高组织效能、效率、适应性以及创新的能力，并通过变革组织目标、组织激励、责任机制、权力结构以及组织文化等来完成这种转型过程。③ 总而言之，新公共管理呈现出四个重要的基本原则：效率原则、分权原则、去官僚化原则、市场化原则。④

但新公共管理不是新自由主义政治主张驱使下产生的唯一流派。20 世纪 90 年代，治理理论从国际政治领域萌发，作为一种新自由主义的规范性主张逐渐作用于公共管理领域。⑤ 从理论范畴来看，治理理论将公共行政包括其中，并试图在政府结构之外寻求新的治理工具，走向社会共同管理。从

---

① 〔德〕尤尔根·哈贝马斯：《合法性危机》，刘北成、曹卫东译，上海人民出版社，2019，第 6~7 页。
② 王志伟：《现代西方经济学流派》，北京大学出版社，2002，第 269 页。
③ 〔美〕戴维·奥斯本、〔美〕彼德·普拉斯特里克：《政府再造的五项战略》，谭功荣、刘霞译，中国人民大学出版社，2002，第 14 页。
④ 谭功荣：《西方公共行政学思想与流派》，北京大学出版社，2008，第 254~256 页。
⑤ 王绍光：《治理研究：正本清源》，《开放时代》2018 年第 2 期。

实践方式看，治理寄希望于社会，强调公民参与、建立公共领域。① 然而，治理理论的基本概念过于宽泛的缺点受到国内外学者的批判。治理理论是否具有普适性和对公共管理实践的指导性还有待进一步论证。

三　中国国家治理的历史语境与概念漂移：现代化的主线

如果说内生型现代化国家的专业性强化，是为了处理日益增长的公共事务的必要选择，那么，中国国家治理的专业性则是肩负着推动国家现代化的民族任务。现代化是传统社会向现代社会的转变过程，是涉及人类生活所有方面的多层面转变的过程。② 但由于传统性和现代性之间缺乏足够的兼容能力，现代化对原有规则的破坏与社会稳定处于长期调适的过程，欠发达国家的现代化中断（Breakdown of Modernization）时有发生。③ 面对这样复杂而动态的调适过程，唯有具有现代化愿景的国家政权运用其专业性，才能有序推动其权力边界内的传统社会向现代社会转变。围绕现代化的主线，我们可以梳理中国国家治理在本土历史语境下的意蕴和理解引介西方思想理念时发生的概念漂移。

（一）近代中国的国家治理

近代以来中国国家治理的重大任务是，建构现代国家理念，形成现代国家的国民共识与愿景。近代中国的国家意识非常复杂，既传承了中国历朝历代的疆域观念，又有传统士大夫的文化情怀及普通民众共通的生活方式，更有在外部民族国家争夺生存空间的压力下民族与国家意识的觉醒。总体看，中国国家意识的产生和国家治理观念与实践应该追溯至戊戌变法前后的康有为。在其政治思想中，最为核心的部分是如何在中国建立起一个近代化

---

① 谭功荣：《西方公共行政学思想与流派》，北京大学出版社，2008，第 284 页。
② 〔美〕西里尔·E·布莱克编《比较现代化》，上海译文出版社，1996，第 7 页。
③ 〔美〕西里尔·E·布莱克编《比较现代化》，上海译文出版社，1996，第 23~25 页。

民族国家的改革思路。① 主权的确立是国家现代化的根基，基于宪法的合法性建设和资本主义工商经济的成长是依托主权的国家基础建设，三者构成中国现代化不可缺少的三大要素。康有为从国际政治的角度大致论述了国家主权的实质："国者，人民团体之最高级也，自天帝外，其上无有法律制之也。各国私益，非公法所可抑，非虚义所能动也。"② 康有为的思想与现代对国家主权的解释是相近的，主权是一个国家之内超越了一切国家权力的最高的合法权力，并且这个合法权力是不可再分割和转让的。康有为在思想上和实践上都呈现出对现代国家主权的渴望。他认为，若国家主权割裂，国家的命运无外乎如波兰、缅甸、安南、印度、土耳其等国，或次第胁割其土地人民而亡，或尽取其利权一举而亡，或尽亡其土地人民而存其虚号，或收其利权而后亡，或握其利权而徐分割亡，凡此种种，都是国家主权丧失的惨痛教训。③ 因此，只有以现代化为愿景的中央政府掌握了对内的绝对权威和对外的独立排他性，国家才能发挥这种权力的功用，进行合法性建设和发展工商经济与国家能力。但自鸦片战争至新中国成立前，中国的国家主权始终没有实现统一，追求现代化的国家治理也就无从谈起。

（二）新中国成立后的国家治理

新中国成立后的国家治理主要在完成三个任务，即制度建构、资源积累与理论提炼，而这三个任务都是围绕着中国现代化的核心主线来的。

新中国成立后，中央政府清楚地认识到建立起统合全国的治国体制的重要性，并通过一系列措施统一军事、行政、经济和财政等方面的管理。④ 从国家的视角看，这一时期的中国确立起对内至高无上的主权，建立国家治理能力。随后，国家治理即是运用这种能力调适不同主体间的关系，以推动现代化的过程。

---

① 白锐：《康有为近代民族国家观》，《求索》2005 年第 4 期。
② 康有为：《大同书》，华夏出版社，2002，第 92 页。
③ 汤志均：《康有为政论集》（上卷），中华书局，1981，第 205～206 页。
④ 王绍光：《国家治理》，中国人民大学出版社，2014，第 93～96 页。

20 世纪 50 年代中期后，国家在经济、政治、文化生活中发挥关键性作用，不断进行现代化的尝试与建设。政府作为国家干预的主要工具，将市场与社会吸纳其中，组建完整的行政管理组织和各类行政管理的事业单位，集中地分配资源。因此，这一时期的国家治理也是政府管理，集中表现为政府内部的关系调适与权力划分。在我国早期的社会主义建设时期，苏联高度集中的指令性计划经济被大量借鉴，给地方形成很大压力。毛泽东同志在 1956 年就提出，为了建设一个强大的社会主义国家，必须要有中央强有力的领导，必须要有全国的统一计划和统一纪律，破坏这种必要的统一，是不允许的。同时，又必须充分发挥地方的积极性，各地都要有适合当地情况的特殊。[①] 相关实证研究也证明，从 1955 年至 1978 年，虽然中央与地方的权力关系几经收放循环，但自 20 世纪 60 年代中期开始的经济分权以不可逆的方式朝着有利于地方的方向倾斜。[②] 一方面，企业管理权和财税权的下放刺激了地方政府发展地方工业。这种分权促进了地方工业在地理上和产业上的分散，各地建立起相对自主的工业体系和经济结构，为 1978 年以后的区域竞争发展和乡镇企业快速发展提供了可能性，而后者被普遍认为是中国取得经济奇迹的重要原因。另一方面，这种分权同时也将基础教育和基础医疗卫生的权责交给地方政府。中国在计划经济时期在基础教育和基础医疗方面的成就是巨大的，尤其是农村人力资本在发展中国家当中也令人印象深刻，后者被认为是改革开放初期中国劳动密集型产业快速发展的直接原因。在 1965 年中央宣布教育与医疗资源向农村倾斜后，农村教育与医疗的改善借助了经济分权的传导和放大机制，[③] 即经济分权促进地方工业兴起，地方政府获得更多财源，有更多资源投入地方的教育与医疗。这从一个角度说明了计划经济时期政府内部关系的恰当调适是国家治理的关键，可以有效推动现

---

① 中共中央文献研究室编《毛泽东文集》（第七卷），人民出版社，1999，第 32 页。
② 白惠天、周黎安：《M 型结构的形成：1955～1978 年地方分权与地方工业的兴起》，《经济学报》2018 年第 2 期。
③ 白惠天、周黎安：《地方分权与教育医疗的大规模普及：基于中国计划经济时期的实证研究》，《经济学报》2020 年第 1 期。

代化发展。然而，以全能型科层制政府涵盖各种公共服务与经济生产活动，必然无法有效地提高效率。

随着国内外形势的变化，对国家治理体系的全面调整从 20 世纪 80 年代逐步展开。80 年代中期，市场与社会逐渐摆脱政府的直接影响，国家治理由政府单一管理变成多主体参与的共治过程。在政府间关系外，政府与其他主体的关系调适和权力划分也是影响国家治理体系的重要因素。

在政府间关系方面，中央与地方的关系在 80 年代延续了计划经济时期的分权趋势。1973~1992 年的数据表明，中国中央政府的财政收支占整个财政收支和国内生产总值的比重分别低于 50% 和 10%，低于世界各国的普遍水平，超出了分权的底线。[①] 财政汲取能力是国家能力的重要来源，中央财政的短缺影响其对各种治理主体关系的调适能力，也不利于中央政府维护社会稳定，长远来看必然会削弱国家的治理能力。因此，从 1994 年开始，分税制取代基于讨价还价的财政包干制度。尽管改革效果存在一定的时空滞后性，但分设税种和征税机构的制度性安排既保障了中央政府收入，也有利于促进地方经济的发展。[②] 分税制改革及其后续的局部调整为中央与地方关系勾勒出一个基本的框架，但它并没有过多涉及财政支付责任的划分，中央与地方的关系仍处在不断调适的过程中。2016 年，国务院发布《国务院关于推进中央与地方财政事权和支出责任划分改革的指导意见》，其核心要求是强中央、保地方、减共管。2018 年至今，国务院办公厅发布了一系列中央与地方财政事权和支出责任划分改革方案的通知，涉及基本公共服务、医疗卫生、交通运输、教育、科技、生态环境、应急救援、自然资源和公共文化等领域。可以预见，未来中央与地方的关系会进一步以制度化的形式确定下来。

在政府与其他主体的关系方面，延续至今的改革的核心目的就是释放发展的活力，用市场和社会的手段优化效率。以经济领域的改革为例，党的十

---

① 王绍光：《分权的底线》，中国计划出版社，1997，第 46~48 页。
② 张晏、龚六堂：《分税制改革、财政分权与中国经济增长》，《经济学》（季刊）2005 年第 4 期。

一届三中全会后，国家主导了第一轮国企改革，但未能取得实质性突破，反而是游离在政府机构和计划之外的个体经济引领了一系列变革，带动中国步入现代市场经济。① 在计划经济时代，官方并不承认城市的个体经济的地位。而改革初期，中央对个体经济与社会主义经济的关系进行调整。中共中央、国务院于 1981 年联合发布的《关于广开门路，搞活经济，解决城镇就业问题的若干规定》，将个体经济提升为社会主义经济的必要补充。1984年，党的十二届三中全会召开，全会通过了《中共中央关于经济体制改革的决定》，提出建立自觉运用价值规律的计划体制，发展社会主义商品经济，建立合理的价格体系，充分重视经济杠杆的作用。② 1993 年党的十四届三中全会讨论了建设社会主义市场经济的若干重大问题，决定进一步培育和发展市场体系，转变政府职能，建立合理的个人收入分配和社会保障制度。③ 1997 年，党的十五大正式把以公有制为主体、多种所有制经济共同发展的制度确立为社会主义初级阶段的基本经济制度。党的十八届三中全会进一步将市场定位为"在资源配置中起决定性作用"。从延续至今的经济领域改革可以梳理出一条清晰的线索，国家在不断调整政府与市场在经济活动中的关系和边界。这种调适的发起来自党中央与国务院的重大决定，而调适的执行则是通过国家治理的工具，主要是各级政府完成的。对国内外形势的准确判断，做出调适不同国家治理主体间关系的决定，确保将政治决策落实，是围绕社会主义现代化目标的国家治理能力的核心表现。

新中国成立后的国家政治与政府管理活动，基本都是要建立起一套全新的与执政党体系契合的国家管理制度，并完成国家现代化转型中所需要的资源积累，并在此基础上进行国家现代化的文化推动，即进行中国特色国家建设的理论提炼，而中国国家治理的概念漂移，也正是发生在这条主线上。

---

① 〔英〕罗纳德·哈里·科斯、王宁：《变革中国：市场经济的中国之路》，中信出版社，2013，第 70 页。

② 《中共中央关于经济体制改革的决定》，《经济体制改革》1984 年第 5 期。

③ 《中共中央关于建立社会主义市场经济体制若干问题的决定》，《中华人民共和国国务院公报》1993 年第 28 期。

四　面向现代化国家的国家治理：结构与功能

通过对国内外国家治理的梳理，对比发现欧美发达国家是市场自由探索下的自发型现代化，我国的现代化是国家主导下的后发型现代化。自发型现代化国家采用市场竞争的自由主义探索，在几百年间不断试错，最终才完成现代化。在完成现代化进程后，欧美发达国家的主要任务是维持经济繁荣和社会稳定。但我国的现代化进程还未最终完成，国家主导的国家治理需要同时面对现代化进程中打破传统的各种程序和维护社会稳定的矛盾，调适政府、市场和社会的多重关系。这种主动的调适虽然有后发的借鉴优势，但仍需要因时因地灵活调整，避免现代化中断的发生。

通过回顾现代国家的发展历程，可以看到现代国家及其工具属性的兴衰。现代国家通过强大的权力和有效的组织塑造贯彻国家意志的理性工具，不同程度地参与到公共事务中，不断地调整国家内各主体间的关系，以维持经济繁荣、社会稳定两个核心目标。简单地归纳欧美发达国家现代化历程中政府、市场与社会三者的关系，则可以区分出三个大致的时间区间。首先，自18世纪亚当·斯密古典自由主义开始至凯恩斯主义提出和罗斯福新政执行的市场主导阶段。在此期间，西方资本主义国家并不注重国家的工具属性，仅将其作为市场失灵下的有限补充。随着工业化和城镇化的发展、市场经济的繁荣，公共事务和经济危机也日益增多。国家不得不逐步增强自身的工具属性，卷入各种具体的国家治理活动中。其次，自凯恩斯主义提出和罗斯福新政到撒切尔及里根的改革的数十年间，是以政府为核心的国家工具属性最为强势的阶段。国家直接参与市场经济活动，大规模地建设全面的社会福利制度，为国民经济发展制定产业规划等行为，都在重构国家、市场和社会的关系，其核心目标是维持经济繁荣和社会稳定。然而，当这种新的关系无法达到上述核心目标时，欧美国家果断地抛弃了凯恩斯主义和国家干预政策，新自由主义成为政治生活与经济活动的指导思想，开启了最后一个自20世纪70年代末延续至今的新阶段。在这一时期，国家大踏步地退回到原来的位置，将国民经济交由市场，仅在部分领域发挥有限但关键的作用。同时引入私人管理的手段强化国家工具属性的能力。而在经济领域以外的公共事务，国家不仅引入市场的力量，更倡导各类社会主体多元参与的治理主张。从历史的角度看，欧美发达国家的关系调适为我国的现代化国家治理提供了可供借鉴的经验。这种借鉴经验可以归纳为，国家通过其专业性，调整政府内关系和政府与其他主体的关系，建构一个适用于面向现代化发展的结构，以发挥国家主导现代化进程的功能。这种调适关系的国家治理能力必然掌握在政治系统之中。

党的十八届三中全会首次提出国家治理体系和治理能力。会议通过的《中共中央关于全面深化改革若干重大问题的决定》把全面深化改革的总目标定为完善和发展中国特色社会主义制度，推进国家治理体系和治理能力现代化。党的十九届四中全会通过的《中共中央关于坚持和完善中国特色社会主义制度 推进国家治理体系和治理能力现代化若干重大问题的决定》，更进一步地明确指出中国特色社会主义制度是党和人民在长期实践探索中形成的科学制度体系，我国国家治理一切工作和活动都依照中国特色社会主义制度展开，我国国家治理体系和治理能力是中国特色社会主义制度及其执行能力的集中体现。同时，中国特色社会主义制度和国家治理体系是能够持续推动拥有 14 亿人口大国进步和发展、确保拥有 5000 多年文明史的中华民族实现"两个一百年"奋斗目标进而实现伟大复兴的制度和治理体系。

回顾党中央关于国家治理的相关决定，不难意识到当代中国的国家治理的目标即是推动拥有 14 亿人口大国进步和发展，确保拥有 5000 多年文明史的中华民族实现"两个一百年"奋斗目标进而实现伟大复兴，是一个实现现代化的宏伟目标。中国的现代化进程是后发型的，必然有着可供借鉴依循的现代化经验规律，因此，可以少一些哈耶克式的自由主义摸索，多一些国家主导的整体规划。但中国本身的国情和国际形势都是极为复杂多变的，必然需要主动灵活地摸索适合中国的现代化道路。因此，复杂多变的现代化过程要求国家治理体系必须要有一个主心骨，协调国家治理涉及的各个部分、要素、主体以及主体间关系。这种准确协调的能力就是国家治理能力的实质。

在中国，国家治理体系中的主体架构是中国共产党，党的十八大以来，中央不断强调坚持和加强党的全面领导。中国共产党具有世界上任何其他政党都不具备的组织优势。① 这种组织优势使中国共产党能够全面肩负起国家意志表达的责任。国家意志主要是通过国家机构，最主要的是通过各级人民政府得以执行的。因此，以党和政府机构为主的国家机构的关系是国家治理体系中的核心关系。1982 年以来，我国进行了八次国务院机构改革，有效地优化了政府作为国家意志执行的功能。但随着国内外形势的不断变化，现代化进程的不断推进，国家机构改革仍需深化。2019 年，习近平总书记在深化党和国家机构改革总结会议上提出，深化党和国家机构改革是对党和国家组织结构和管理体制的一次系统性、整体性重构。② 表现为整体性推进中央与地方各级各类机构改革，重构性健全党的领导体系、政府治理体系，系统性增强党的领导力、政府执行力，适应新时代要求的党和国家机构职能体系主体框架初步建立，为完善和发展中国特色社会主义制度，推进国家治理体系和治理能力现代化提供有力的组织保障。

五　结语

治理概念在西方语境产生之初，并不特别专门涉及政治与公共管理，仅仅具备规训及约束的意蕴，到后来指涉专业性与专门性的政府管理，经由新自由主义在社会管理意义下的解释，内涵得到极大扩充。党的十九届五中全会提出的基本实现国家治理体系和治理能力现代化的目标，其中的治理理念，虽浓缩了思想史上政府管理中的理性主义和专业主义等内容，更涵括了对现代化进程中中国国家能力结构与功能的综合指引。现代化进程不是一个

---

① 《习近平谈治国理政》，外文出版社，2020，第 84 页。
② 《习近平谈治国理政》，外文出版社，2020，第 105 页。

短期历程，当代中国适时借鉴了"治理"这一工具性概念，用以指称中国执政党与政府对转型期复杂社会的全面引领、管理与协调，整个过程是一个概念产生与发展进而概念漂移的过程，是国家形态复杂演变图卷的折射。

参考文献

1. 中共中央文献研究室编《毛泽东文集》（第七卷），人民出版社，1999。

2. 《中共中央关于制定国民经济和社会发展第十四个五年规划和二〇三五年远景目标的建议》，《人民日报》2020 年 11 月 4 日。

3. 〔德〕尤尔根·哈贝马斯：《合法性危机》，上海人民出版社，2019。

4. 〔法〕卢梭：《社会契约论》，商务印书馆，2019。

5. 〔美〕H. 乔治·弗雷德里克森：《新公共行政》，中国人民大学出版社，2011。

6. 〔美〕戴维·奥斯本、〔美〕彼德·普拉斯特里克：《摒弃官僚制：政府再造的五项战略》，中国人民大学出版社，2002。

7. 〔美〕弗兰克·J. 古德诺：《政治与行政：一个对政府的研究》，复旦大学出版社，2011。

8. 〔美〕赫伯特·A. 西蒙：《管理行为》，机械工业出版社，2019。

9. 〔美〕乔治·萨拜因：《政治学说史》，商务印书馆，1990。

10. 〔美〕切斯特·I. 巴纳德：《经理人员的职能》，机械工业出版社，2013。

11. 〔美〕西里尔·E. 布莱克编《比较现代化》，上海译文出版社，1996。

12. 〔意〕尼科洛·马基雅维利：《君主论》，商务印书馆，1986。

13. 〔英〕霍布斯：《利维坦》，商务印书馆，1985。

14. 〔英〕罗纳德·哈里·科斯、王宁：《变革中国：市场经济的中国之路》，中信出版社，2013。

15. 〔英〕约翰·洛克：《政府论》（下篇），商务印书馆，1964。

16. 白惠天、周黎安：《M 型结构的形成：1955～1978 年地方分权与地方工业的兴起》，《经济学报》2018 年第 2 期。

17. 白锐：《"行政国家"解析》，《云南行政学院学报》2005 年第 2 期。

18. 白锐：《康有为近代民族国家观》，《求索》2005 年第 4 期。

19. 丁志刚：《如何理解国家治理与国家治理体系》，《学术界》2014 年第 2 期。

20. 何显明：《政府转型与现代国家治理体系的建构——60 年来政府体制演变的内在逻辑》，《浙江社会科学》2013 年第 6 期。

21. 何增科：《理解国家治理及其现代化》，《马克思主义与现实》2014 年第 1 期。

22. 贺来、彭双贞：《国家治理内在原则的哲学前提反思》，《社会科学研究》2020年第 3 期。

23. 康有为：《大同书》，华夏出版社，2002。

24. 蓝志勇、魏明：《现代国家治理体系：顶层设计、实践经验与复杂性》，《公共管理学报》2014 年第 1 期。

25. 李宸、方雷：《治理话语的知识论反思：本质构成与建构理路》，《求实》2020年第 5 期。

26. 刘建军：《和而不同：现代国家治理体系的三重属性》，《复旦学报》（社会科学版）2014 年第 3 期。

27. 罗梁波：《国家治理的技术场景：理论反思和话语重构》，《学海》2020 年第 1 期。

28. 欧阳康、郭永珍：《构建和完善中国特色国家治理体系——以中国共产党的社会治理理论为视角》，《行政管理改革》2019 年第 11 期。

29. 尚虎平：《"治理"的中国诉求及当前国内治理研究的困境》，《学术月刊》2019年第 5 期。

30. 孙维维：《国家治理视域中发展伦理的反思及其范式构建》，《行政论坛》2020年第 6 期。

31. 孙晓春：《中国传统治理观念的现代反思》，《天津社会科学》2020 年第 4 期。

32. 谭功荣：《西方公共行政学思想与流派》，北京大学出版社，2008。

33. 汤志均：《康有为政论集》（上卷），中华书局，1981。

34. 王浦劬：《国家治理、政府治理和社会治理的含义及其相互关系》，《国家行政学院学报》2014 年第 3 期。

35. 王绍光：《国家治理与基础性国家能力》，《华中科技大学学报》（社会科学版）2014 年第 3 期。

36. 王绍光：《分权的底线》，中国计划出版社，1997。

37. 王绍光：《国家治理》，中国人民大学出版社，2014。

38. 王绍光：《治理研究：正本清源》，《开放时代》2018 年第 2 期。

39. 王志伟：《现代西方经济学流派》，北京大学出版社，2002。

40. 《习近平谈治国理政》，外文出版社，2020。

41. 徐湘林：《"国家治理"的理论内涵》，《人民论坛》2014 年第 10 期。

42. 薛澜、李宇环：《走向国家治理现代化的政府职能转变：系统思维与改革取向》，《政治学研究》2014 年第 5 期。

43. 薛澜、张帆、武沐瑶：《国家治理体系与治理能力研究：回顾与前瞻》，《公共管理学报》2015 年第 3 期。

44. 杨光斌：《一份建设"有能力的有限政府"的政治改革清单——如何理解"国家治理体系和治理能力现代化"》，《行政科学论坛》2014 年第 1 期。

45. 杨雨林：《西方治理话语的政治哲学基础与中国国家治理话语体系构建》，《岭南学刊》2018 年第 5 期。

46. 姚选民：《中国国家治理现代化向何处去——一种政治哲学层面追问》，《社会科学论坛》2017 年第 1 期。

47. 俞可平：《推进国家治理体系和治理能力现代化》，《前线》2014 年第 1 期。

48. 虞鑫、兰旻：《媒介治理：国家治理体系中的媒介角色——反思新自由主义的传播与政治》，《当代传播》2020 年第 6 期。

49. 郁建兴、吕明再：《治理：国家与市民社会关系理论的再出发》，《求是学刊》2003 年第 4 期。

50. 郁建兴：《治理与国家建构的张力》，《马克思主义与现实》2008 年第 1 期。

51. 张晏、龚六堂：《分税制改革、财政分权与中国经济增长》，《经济学》（季刊）2005 年第 4 期。

52. 郑家昊、丁贵梓：《差异与共识：治理研究的反思性阐释——基于中、美、韩三国治理研究权威论文的关键词网络分析》，《陕西师范大学学报》（哲学社会科学版）2020 年第 4 期。

53. Zygmunt Bauman, *Liquid Times*: *Living in an Age of Uncertainty*, Polity: 2007.

54. Foucault, M., *Security*, *Territory*, *Population*: *Lectures at the Collège de France*, *1977–1978*, London: Palgrave Macmillan, 2007.

55. Dwight Waldo, *The Administrative State*, New Jersey: the Transaction Publishers, 2007.

治理研究 ━━━

突发公共事件的公私合作与行政法规制[*]

翟　翌　王　慧^{**}

摘　要：既往对突发公共事件的应对过于强调政府的作用，忽视了私主体及公私合作在突发公共事件中的重要功能。私合作主体参与突发公共事件应对一方面体现了公私合作的优势，另一方面也暴露出我国突发公共事件的公私合作应对仍存在问题，包括法律规范不足等因素导致的突发公共事件应对中私主体的参与度较低且实效不高、权利保障不足等，需进行相应的完善和法律规制。在突发公共事件公私合作行政法规制措施的完善中，应建立健全协同合作法律原则、灵活性法律原则、快速高效法律原则等法律原则，细化和明确突发公共事件中公私合作的边界与责任，简化公私合作的行政程序规则，完善公私合作的绩效评估规则等法律规则，共享信息保障私合作主体知情权，保障私合作主体的财产权及人身权，平等对待私合作主体并给予其适当行政奖励等以切实维护私合作主体的合法权益。另外，还应完善公私合作主体间纠纷解决方式、第三方利益受损时的权利救济等突发公共事件应对中公私合作争议的解决机制等。同时可以突发公共事件中公私合作与行政法规制的完善为契机，丰富我国公私合作的理论与实践。

关键词：公私合作　突发公共事件　私合作主体　行政法规制

---

* 基金项目：司法部国家法治与法学理论研究项目中青年课题"'国民经济和社会发展规划'实现'公民社会权'研究"（17SFB3010）、重庆大学中央高校基本科研业务费项目（NO. 2021CDJSKJC32）（2018 CDJSK 08 PT 15）。

** 翟翌，法学博士，重庆大学法学院教授、博士生导师，重庆大学法学院政府规制与公共政策法治研究所所长；王慧，重庆大学法学院政府规制与公共政策法治研究所研究人员，重庆大学法学院硕士研究生。

突发公共事件与"公共安全"密切相关。全国人大常委会委员长栗战书在 2021 年 3 月召开的全国人民代表大会上明确表示，今后一年我国将制定突发公共卫生事件应对法①，可见，国家对突发公共事件法治化建设高度重视。党的十九届四中全会做出新时代推进国家治理体系和治理能力现代化的战略部署，要求从经济、政治、文化、生态等各个方面提高现代化治理水平，其中构建新时代社会治理体系是重要内容之一。《中共中央关于坚持和完善中国特色社会主义制度 推进国家治理体系和治理能力现代化若干重大问题的决定》提出要"打造共建共治共享的社会治理格局，创新社会治理，完善党委领导、政府负责、社会协同、公众参与、法治保障、科技支撑的社会治理体系"。同时，将健全公共安全体制纳入社会治理之中，主张优化国家应急管理体系建设。新冠肺炎疫情突袭而至，一些企业和非政府组织积极参与疫情防控，它们在病毒研究、物资运输及分配管理、服务提供等方面发挥了积极作用，社会力量已然成为应急管理体系中的重要一环。

世界卫生组织总干事谭德塞在 2020 年 12 月亦指出"这不是最后一次疫情"，将来人类仍可能遇到新的其他疫情。以本次新冠肺炎疫情规范突发公共事件应对中的公私合作为研究对象和提炼相关问题与解决方案，不仅有利于优化国家应急能力体系建设，完善新时代社会治理体系，更有助于实现国家治理体系和治理能力的现代化。

一 突发公共事件中公私合作的必要性

在规范层面上，《中华人民共和国突发事件应对法》第 3 条规定："本法所称突发事件是指突然发生，造成或者可能造成严重社会危害，需要采取应急处置措施予以应对的自然灾害、事故灾难、公共卫生事件和社会安全事件。"《突发公共卫生事件应急条例》第 2 条将突发公共卫生事件定义为

---

① 《栗战书：今后一年将制定突发公共卫生事件应对法》，2021 全国两会中国网融媒体报道，http：//www.china.com.cn/lianghui/news/2021－03/08/content_77287905.shtml。

"突然发生，造成或者可能造成社会公众健康严重损害的重大传染病疫情、群体性不明原因疾病、重大食物和职业中毒以及其他严重影响公众健康的事件"。结合相关法律法规中对具体突发公共事件的表述，可以认为，突发公共事件是指突然发生，对公民的人身和财产安全造成重大威胁，需要在短时间内做出有效应对的事件，其通常具有突发性、公共威胁性和紧迫性等特征。如 2008 年的汶川地震、2015 年的天津港"8·12"特大火灾爆炸事故以及 2020 年突袭而至的新冠肺炎疫情等都属于突发公共事件。

公私合作的内涵亦较为丰富多元。尤春媛等认为，"公私合作伙伴关系可以界定为：政府部门和私营部门为了公共利益的需要，在双方共同参与公共物品及服务的生产和提供过程中所建立的以合作为目的的治理框架"[1]。喻文光则指出，公私合作是指"政府通过和社会资本合作来提供公共产品和服务的一种方式"[2]。实际上，公私合作的本质特征是政府和私主体基于共同及公共的利益，为实现共同目标而相互合作，共担责任与风险。公私合作的类型较多，实务中常见的主要有行政委托、行政特许经营、公私合营、公共建设参与等。具体到应对突发公共事件中，第三方检测机构参与核酸检测工作、武汉九州通医药集团股份有限公司协助红十字会对捐赠物资进行管理调配等均属于公私合作。

我国以往对突发公共事件的处置应对过于强调政府的作用，而忽视了私主体及公私合作在突发公共事件中的功能。笔者认为，私合作主体参与突发公共事件的应对体现了公私合作的优势，有着重要的意义和价值。

首先，公私合作有利于在突发公共事件中聚集更多力量与资源。由于气候变化及传染性疾病等，各种突发公共事件频频发生，给世界各国带来大量人员伤亡和财产损失，突发公共事件发生突然且危害性大的特点给行政应急工作提出了更高的要求。对政府而言，突发公共事件应对通常需要耗费较大

---

[1] 尤春媛、尤景瑞：《公共工程公私伙伴关系之行政法规制研究》，《南京航空航天大学学报》（社会科学版）2017 年第 2 期。

[2] 喻文光：《PPP 规制中的立法问题研究——基于法政策学的视角》，《当代法学》2016 年第 2 期。

的人力、物力、财力，仅依靠政府难以在短时间内聚集所需资源；加之我国
政府金字塔形的政治体系，组织层次较多，上传下达方式不易将上级决策以
最快的时间落实，也不易从下往上快速回应公民的需求，单一的政府力量在
应对突发公共事件时稍显不足。而社会组织所具备的灵活性和专业性等特征
可以弥补政府在某些方面的不足，实现优势互补。因此，在政府和社会组织
都难以仅靠自身力量来应对突发公共事件的情况下，两方合作、各自发挥优
势将可能更有效率地应对突发公共事件。

其次，公私合作有利于平缓突发公共事件中政府与其他主体的关系。
"良好的社会治理需要政府的积极介入，但当政府权力过大时，政府的介入
往往会成为社会治理的阻碍因素，侵蚀社会治理的成长，成为社会治理的破
坏性力量。"① 受 "全能型政府" 思想的影响，我国在应对突发公共事件时
主要是由政府来主导行政应急工作的开展，政府权力与职责过大，而私主体
的力量未得到重视，这不利于突发公共事件的应对和社会治理体系的建设。
随着社会与时代的发展，仅依靠政府来行使权力已经不能满足社会大众的需
求，且存在不少消极因素，尤其在福利国家、给付行政理念兴起的背景下，
传统以控权为核心的行政法逐渐向服务型的新行政法转变，公权力主体除了
以强制性的行政管理手段履行职责之外，还可主动与私主体交流合作，积极
转变行政职能，提升社会治理能力，建立更趋向于善治的公权力与人民的柔
性关系。突发公共事件下的公私合作一定程度上使政府的行政职能和行事方
式发生转变，吸纳私主体共同完成行政任务也有利于推动社会治理的缓和及
完善。

二　突发公共事件应对中公私合作存在的问题及其原因

我国私主体参与突发公共事件应对虽在实践中已有一定的展开，但仍存

---

①　汪锦军：《合作治理的构建：政府与社会良性互动的生成机制》，《政治学研究》2015 年第
4 期。

在不少问题。明确突发公共事件应对中公私合作存在的问题，探究背后的原因，将有利于更好地完善相关制度，推动公私合作在突发公共事件中更好地开展。

（一）突发公共事件中公私合作存在的问题

1. 私主体参与突发公共事件应对的广度及深度不足

随着社会主义市场经济的快速发展，私人企业和非政府组织迎来了发展的黄金时期，社会力量在逐渐壮大后开始逐步参与应对突发公共事件，之后的一些灾害应对和治理过程中常常可见私主体的身影。如2008年汶川地震后，受经济发展和"加快推进政府职能转变"方针的影响，更多的私主体愿意参与到突发公共事件的应对中，但整体数量仍然不多。当下，私主体与政府协作应对突发公共事件虽然较以前更为常见，但仔细分析可发现，私主体在参与应急时主要承担的是捐款捐物、物资运输发放和宣传教育等一些相对简单的工作，而在突发公共事件的监测与防御、专业技术支持与应对、应急政策监督等专业性工作中的参与度较低。如北京师范大学社会公益研究中心的一份调查显示，汶川地震时仅有不到1/3的非政府组织是利用其专长提供救灾服务的[1]，可见我国私主体参与突发公共事件应对工作的广度和深度仍然不足。

2. 参与合作的私主体未能充分发挥功能

目前，虽然越来越多的社会组织在发生突发公共事件后主动参与到应急工作中，但一部分私合作主体并未充分发挥其应有效能。例如，2020年的抗击新冠肺炎疫情工作，为解决大量核酸样本积压的问题，第三方核酸检测机构参与到检测工作中，然而在参与初期，华大基因和武汉康圣达等一些具有日均5000份检测产能的大型民间机构实际每天只能收到1000份左右的样

---

[1]　韩俊魁、赵小平编《中国社会组织响应自然灾害研究——以2008年以来重特大地震灾害为主线》，社会科学文献出版社，2016，第60页。

本，第三方检测机构产能闲置率高达 80%，样本积压的状况也未得到有效改善。① 又如，2017 年四川九寨沟发生地震后，大量志愿者和一些私人企业涌入灾区，使得灾区道路拥堵、秩序混乱，救援工作难以开展，这些社会力量不仅没有起到帮助作用，反而在一定程度上阻碍了救援工作的开展。可见，由于相关理念未及时跟进，制度和规范的指引也不足，目前我国参与突发公共事件应对的私合作主体在部分情况下，未能发挥其应有的功能，公私合作有待改善。

3. 对私合作主体的合法权益保护力度不足

综观 21 世纪以来我国几次重大突发公共事件的应对工作，部分社会组织积极参与其中，在物资捐赠、人员救助等工作上发挥了一定的作用，然而在某些方面，政府对给予私主体的付出所应获得回报未能做到平等对待，也未合理制定私合作主体权益受损时的赔偿方案。以此次新冠肺炎疫情防控为例，一些前往一线进行支援的非公立医护人员未获得平等资格参与评选疫情防控工作先进集体和先进个人；在各地防疫指挥部或卫健委公布的援鄂医务人员名单中也少见非公立医院的医护人员，他们甚至无法和公立医院的医护人员平等地享有经济补偿。另外，针对非政府组织的工作人员在参与应对突发公共事件的工作中发生意外或受到伤害能否享受工伤待遇、获得国家机关的补偿等问题也没有明确的法律规定。社会力量被区别对待、合法权益未获有效保护是我国突发公共事件公私合作中的重要问题之一。

（二）对问题产生原因的分析

1. 未充分认知私主体参与应对突发公共事件的重要价值

首先，受"全能型政府"观念的影响，在面对突发公共事件时，政府习惯性地作为唯一的主体主导或参与所有的应急环节，而容易忽略私主体。其次，政府对私主体的信任不足也使社会力量往往被排除在突发公共事件治

---

① 马肃平：《"政府认可比钱重要"——第三方核酸检测：被忽视的"逆行者"》，南方周末网，http://www.infzm.com/contents/178966。

理之外。在政府看来，突发公共事件发生后，稳定社会秩序的最好方法就是将危机管控在政治系统内部，而社会组织的介入可能会导致信息泄露，加重危机的程度。正是出于求稳的保守心理，政府常常不愿意引入外部社会力量共同应对危机。最后，公民及一些社会组织在政府"管理主义"思维的影响下，潜意识里也形成了依赖政府的习惯，遇到突发公共事件时第一选择是依靠政府而非自己解决，社会力量对自身作用认识不足也是导致私主体参与度不高的原因之一。长期处于政府大包大揽模式下，我国的行政治理文化、行政治理模式和行政治理体制机制都习惯性地将社会力量排除在突发公共事件的治理之外。① 这些主观上的因素导致了突发公共事件应对下的公私合作时常囿于表面，缺少实质性合作。

2. 相关法律和制度不够完善

第一，目前我国缺少明确、系统的法律法规等用于规范私合作主体参与治理突发公共事件的行为。社会组织参与突发公共事件治理的法制化和正规化是保证政府与私合作主体良好合作的前提。自 2000 年以来，我国相继出台《传染病防治法》《突发事件应对法》《自然灾害救助条例》《慈善法》等一些针对突发公共事件应对的法律法规，但这些法律法规都鲜少涉及社会力量参与应急救援工作的内容。例如，2007 年制定的《突发事件应对法》仅在第 29 条和第 34 条提及社会力量参与突发事件，但没有对政府与私主体具体的合作方式、权责分配、权利义务等做出明确的规定，使得私合作主体参与突发公共事件应对时指引不足、效率不高，影响了政府与私主体合作的顺利度。又如，2015 年民政部印发的《关于支持引导社会力量参与救灾工作的指导意见》中虽然明确了社会力量参与救灾工作的重点范围在于常态救灾、紧急救援、过渡安置、恢复重建四个阶段，② 但仍未具体规定社会力量参与应对突发事件的方式以及行政主体与私主体的权责划分等，并且这一指导意见仅仅是规范性文件，以指导性意见为主，缺乏正式的法律约束力。

---

① 罗忠桓：《提升应急管理社会参与力》，《中共山西省委党校学报》2015 年第 3 期。
② 秦远：《社会力量参与应急救灾新发展》，《中国减灾》2019 年第 11 期。

可见，我国现阶段在客观上缺少规范私主体协助突发公共事件治理的系统法律法规，使得社会力量参与应急工作时可能难以发挥应有的效用。

第二，私合作主体与政府的沟通协作机制不足。首先，信息共享机制缺位或不够完善影响了公私合作应对突发公共事件的开展，面对突发公共事件，掌握更多的信息就更有利于迅速开展应急工作。现实中，政府部门由于地位的优势通常能够获得绝大部分的公共信息，但基于社会稳定等因素，政府对掌握的信息往往不愿意主动对外公开或与私主体全面分享，私主体可能无法获得准确的信息，这将影响公私合作应对突发公共事件。其次，缺乏统一协调部门，我国《自然灾害救助应急预案》等虽然明确了国家减灾委是我国自然灾害救助的应急综合协调机构，[①] 却未设置专门负责政府与私主体协调的机构和人员，这使得政府与非政府组织之间往往是以行政命令等方式传达决策，相互之间缺少沟通和协调。由于在信息共享和沟通协调等方面缺乏统一的机制，社会力量在突发公共事件应对工作中的效果往往不彰。

三　突发公共事件中公私合作相关行政法律制度和措施的完善

基于以上对我国突发公共事件中公私合作现存问题的原因分析，我们认为，可从法律原则和法律规则两方面对突发公共事件中的公私合作行为进行规范，同时加强对私合作主体的权益保护，弥补突发公共事件中公私合作的立法空白，完善行政应急下公私合作的相关行政法律制度和措施。

（一）完善突发公共事件中公私合作的法律原则

1. 协同合作法律原则

树立公私协同合作应对突发公共事件的法律原则。公私合作是现代行政法的重要潮流，行政主体能力有限，将社会力量纳入突发公共事件应对中有

---

① 赵朝峰：《当代中国自然灾害救助管理机构的演变》，《中国行政管理》2015 年第 7 期。

利于充分发挥各方作用,更好地解决公共危机。从实然层面讲,非政府组织具有在其工作领域内专业性强、灵活等特点,能为应对突发公共事件带来更大的助力,如此次新冠肺炎疫情中,作为民营企业的九州通医药集团股份有限公司接替武汉红十字会开展对社会捐赠物资的仓储、物流、配送等工作,对捐赠物资进行精细分类,将堆积的社会捐赠医疗用品有序分发到各大医院,改变了早期物资处理的混乱局面,有效缓解了医院物资紧缺的状况。可见,私主体的积极参与可发挥重要的作用,政府与社会力量相互合作方能更好地应对突发公共事件。因此,在完善公私合作应对突发公共事件时应当首先破除"全能型政府"的观念,正确认识社会力量的积极作用,明确树立协同合作观并将其体现于法律层面,肯定私主体参与突发公共事件治理的法律地位。

2. 灵活性法律原则

灵活性应当体现于公私合作的法律程序中。我国《政府采购法》《政府购买公共服务管理办法》中对购买范围、承接主体的选择、合同签订方式以及绩效评估和监督方式等问题进行了详细规定,要求政府部门严格按照法律规定行事,严禁超越职权、违背法律程序。但在应对突发公共事件时,若沿用一般情况下的法律程序,势必会在一定程度上拖延私主体参与应急的时间。为促使政府和私主体在应对突发公共事件时更好合作,法律程序规定应当相对灵活。立法时应避免进行完全细致入微的规定,可通过制定框架性条款来规范公私合作行为;同时,在特殊情况如突发公共事件中,可适当降低对行政主体与私合作主体的法律要求。当然,灵活性原则并不意味着不受法律规制,而是在法律程序规定上给予行政主体更多的灵活性,不必局限于僵硬的方式。例如,为应对突发公共事件向私合作主体采购物资时可按照"先实物、再协议、后订单"的方式进行,保证物资迅速供应到位。①

3. 快速高效法律原则

常态下公私合作的一个重要目标往往在于提高行政服务质量,效率、实

---

① 龙磊:《专家呼吁亟需建立国家应急物资采购管理体系和配套制度——"应急物资采购专家研讨会"网络会议召开》,《中国政府采购》2020年第2期。

效等并非必然被关注的重点，但突发公共事件具有的紧迫性特征要求政府应第一时间采取措施应对。然而，"我国多层级的纵向政治体系使减灾变成了单一的自上而下的被动反应过程，地方政府部门的灾害风险管理缺乏主动性，同时这种垂直管理关系也束缚了地方政府部门之间的横向信息沟通"①，使得决策的制定和执行都具有一定的滞后性，不利于快速响应突发公共事件。因此，为提高突发公共事件的治理效率，政府与社会组织的合作快速启动且发挥作用是必然要求，尤其是涉及人身安全、健康的重大突发事件，短时间内实现合作应成为重要目标。就法律规范而言，合作高效原则不仅需要体现在法律程序的规定之中，也可成为政府选择私合作主体以及评判政府购买服务质量的标准之一。

（二）细化突发公共事件中公私合作的法律规则

为促进公私合作法治化和规范化，除建立健全上述法律原则外，还需完善具体法律规则以规范政府与私合作主体的行为。

1. 明确突发公共事件中公私合作的边界与责任

首先，明确公私合作在突发公共事件中的适用范围。喻文光博士认为，"纯公益性项目和完全市场化的领域不适合公私合作"②。倡导公私合作并不代表私主体参与得越多越好，私主体参与公共管理的领域应当根据不同情况而有所限制。我们认为，在应对突发公共事件时，一些支持性的、专业性的工作可以允许私主体参与进来，如基础设施恢复与建设、技术支持、人员配合、信息收集、灾害监测、病毒研究等；而一些可能影响国家与社会安全稳定，或有关国家机密的工作对私主体的参与应采取审慎的规则，例如应急方案制定、军事力量的运用、核辐射、高危化学品等方面，私主体可能不具有直接参与的能力与可靠性。具体的立法方式上，可采取概括+否定列举的方

---

① 陶鹏、童星：《我国自然灾害管理中的"应急失灵"及其矫正——从 2010 年西南五省（市、区）旱灾谈起》，《江苏社会科学》2011 年第 2 期。

② 喻文光：《PPP 规制中的立法问题研究——基于法政策学的视角》，《当代法学》2016 年第 2 期。

法来规定突发公共事件应对中公私合作的适用范围。

其次，明确公私合作双方的责任。公私合作过程中，政府通常扮演着多个角色，既作为合作政策的制定者、执行者以及监管者，也是平等合作之一方的主体。[①] 为防止公权力滥用，保障私主体合法权益，法律法规应当明确规定政府在公私合作的不同阶段所处的法律地位及其应当承担的法律责任。例如，政府作为监管者时即处于管理者的地位，对私合作主体完成行政任务负有监督的责任；但当政府作为公私合作的一方主体后，即与私合作主体处于平等地位，其同样需要遵守诚实信用等原则，不得随意变更公私合作协议的内容且应当积极主动履行协议义务。同样，私合作主体所拥有的权利和需履行的责任也需详细的规则予以规定。

2.简化公私合作的行政程序规则

首先，简化选择私合作主体的程序。根据我国《政府采购法》第 26 条的规定，政府的采购应通过公开招标、竞争性谈判、邀请招标、单一来源采购、询价以及监管部门认定的其他采购方式。[②] 现行《基础设施和公用事业特许经营管理办法》以及《招投标法》等其他与公私合作相关的规范主要规定的亦是上述几种相对复杂的选择合作私主体的方式，这种基于常态下的公私合作进行的制度设计适用于紧急情况时可能存在不足，在应对突发公共事件时，应当以快速高效为原则，简化公示公告、协商等法律程序；放开对参与竞争的私主体的数量限制。在更紧急的情况下，行政机关也可以直接确定合作伙伴并下达相关指令，私合作主体则可立即履行义务，例如此次新冠肺炎疫情中的公私合作即使用过这一形式，由政府公共部门直接确定私合作主体，先履行后磋商，甚至无磋商。[③]

---

① 陈松：《公私合作的公法调适——以国家担保责任为中心》，《武汉理工大学学报》（社会科学版）2015 年第 5 期。

② 《政府采购法》第 26 条规定："政府采购采用以下方式：（一）公开招标；（二）邀请招标；（三）竞争性谈判；（四）单一来源采购；（五）询价；（六）国务院政府采购监督管理部门认定的其他采购方式。公开招标应作为政府采购的主要采购方式。"

③ 李德华、李帅：《论应急公共采购的内涵——以新冠病毒疫情防治为例》，《中国政府采购》2020 年第 2 期。

其次，可适当简化公共部门的审批程序。政府与私主体协同应对突发公共事件时，在保证合法的前提下，可适当放宽审批要求，舍弃一些烦琐的程序规定以提高合作效率。如 2020 年 1 月 26 日财政部颁发的《关于疫情防控采购便利化通知》文件中规定，"采购疫情防控相关货物、工程和服务时建立采购'绿色通道'，可不执行政府采购法规定的方式和程序，采购进口物资无需审批"。通过适当简化部分审批程序可加快公私合作进程，有利于更迅速地应对突发公共事件。

最后，简化行政合同的订立方式。应对突发公共事件中公私双方在订立行政合同时可适当弱化形式要求，简化合同订立程序。在紧急情况下，可根据事件的紧迫程度适当缩短或取消一些时限规定，而非严格以合同标的和金额为标准来限定订立方式。① 必要时可采用签订电子合同或者事后补签等方式代替之前的书面合同，加快私合作主体参与行政应急的速度。

3. 完善公私合作的绩效评估规则

突发公共事件下的公私合作可将时间置于首位，尽可能地简化合作中的法律程序，这种情况下对私合作主体的权利保障和义务监督可能会存在一些漏洞，此时义务履行后的评价制度尤为重要。我国《政府购买服务管理办法》第 20 条虽然规定要对私合作主体进行事前、事后及定期绩效评价，但并未给出具体的操作方法，针对这种情况，我们认为，一方面可建立效果评价体系，调查公众对私合作主体提供服务的满意度，以此来检测私主体参与突发公共事件工作的效果。例如，上海市政府委托中国电信上海分公司承接疫情期间的"市民热线"服务②，政府可凭借相关信息，掌握民众对电信提供的相关服务的满意度，对此进行考察；另一方面可建立以智库型社会组织为主进行第三方评估的复合型评估体系，由专业机构、高校专家、服务对象代表共同组成评估团队，保证其独立性、权威性和专业性，使评估方式更科

---

① 王澍、杨蔚林：《当变则变，尽快完善我国紧急状态下的政府采购制度》，《中国政府采购》2020 年第 2 期。

② 莫建斌：《让政府购买服务为抗击疫情出一份力》，《中国政府采购报》2020 年 2 月 18 日。

学，评估结果更准确公正。[①] 完善公私合作的绩效评估制度既有利于保证私合作主体切实履行义务，也有助于以此为标准考察私合作主体的工作，从而保障其合法权益。

（三）切实维护私合作主体的合法权益

保障私合作主体平等享有各项权利，既是对其积极参与突发公共事件治理的肯定，也有利于引导更多社会力量参与社会公共事务。针对突发公共事件公私合作中私合作主体权益保护可能存在的不足问题，可采取以下措施。

1. 共享信息保障私合作主体知情权

随着信息社会的到来，信息在社会事件中发挥着越来越重要的作用，面对突发公共事件，只有获取充足的信息才能准确把握局势、预测事件走向、制定应急方案，信息对私合作主体的权利保障也很重要，故在应对突发公共事件时应当保障私合作主体获得必要的信息。首先，私合作主体在参与救援工作前有全面获知具体工作内容及工作潜在风险的权利。如《志愿者服务条例》第 12 条规定："在招募志愿者时应当说明与志愿服务有关的真实、准确、完整的信息以及在志愿服务过程中可能发生的风险，这些信息应当包括招募条件、志愿服务活动的时间地点、工作内容以及可能发生的风险。"面对突发公共事件，政府应当事先对工作内容及风险予以明确说明，不应在未告知私主体信息的情况下要求其提供超出约定范围的服务。其次，在私合作主体参与应对突发公共事件的过程中，政府也应当及时为其提供工作内容所需的信息。数据信息在很大程度上决定着应急工作的质量，如在传染病防治中，通过大数据技术可确定患者的行动轨迹、接触史，以此来控制传染源；一些科研团队利用获取的信息建模分析疫情传播趋势供政府提前制定防治措施；还有一些科技公司上线疫情地图、谣言鉴别及交通工具同乘查询系统，方便公众掌握疫情信息。这些工作都需要大量准确及时的信息数据作为支撑，需要政府及时提供一些必要信息给这些科技公司和民间合作方。政府

---

① 孙颖：《政府购买社会组织服务的问题与对策研究》，《杭州（我们）》2016 年第 4 期。

与私合作主体及时共享信息不仅是对私合作主体知情权的有力保障，也将有力促进公私合作工作的顺利开展。

2. 保障私合作主体的财产权及人身权

首先，私合作主体有获得适当的投资回报或收益的权利。正常情况下公私合作的双方处于平等的地位，共同遵守协议约定的内容，在私合作主体履行协定义务之后，行政主体应当如约及时支付私合作主体报酬，履行其约定的义务；若是紧急情况下未事先达成书面或口头协议，在私合作主体完成服务之后，行政主体也应及时与私合作主体协商，同时对私合作主体的服务项目开展绩效评价，根据评价结果支付私主体相应的报酬。另外，在私主体投入资本参与突发公共事件的情况下，私合作主体也有权获得投资回报，如2014 年发布的《政府和社会资本合作项目通用合同指南》中即规定私主体有获取相应回报的权利。其次，政府应当保障私合作主体的人身安全。突发公共事件具有一定的危险性，私合作主体在参与应对的过程中可能会有生命健康受损的威胁，政府应采取必要措施尽力保障他们的安全和健康。例如，杭州、上海等地在这次抗疫中为志愿者购买人身意外伤害保险。

3. 平等对待私合作主体并给予其适当行政奖励

除依约给予报酬外，还应当承认私合作主体与公职人员、事业单位人员同等的获得行政奖励的资格。"行政奖励是指行政主体为了表彰先进、激励后进，充分调动和激发人们的积极性和创造性，依照法定条件和程序，对为国家、人民和社会作出突出贡献或者模范地遵纪守法的行政相对人，给予物质或精神奖励的行政行为。"① 在应对突发公共事件的公私合作中，社会组织与政府同样发挥着巨大的作用。例如，新冠肺炎疫情中，阿里巴巴集团积极采购全球防疫物资，顺丰速运有限公司为湖北建造物流绿色通道，还有无数志愿组织积极参与疫情应对，政府应当对私主体的贡献予以平等承认，对于满足条件的私主体，应当与体制内人员一视同仁，给予其物质或精神上的同等奖励。比如，使私立医院的医生护士与公立医院医护人员在同等情况下

---

① 姜明安编《行政法与行政诉讼法》，北京大学出版社，2015，第 240 页。

获得同样的补贴和荣誉称号等，避免出现因公私身份不同而相关奖励、荣誉等待遇上悬殊的问题。

四　完善突发公共事件应对中公私合作争议的解决机制

除了以上规制措施外，还应完善突发公共事件应对中公私合作争议的相关解决机制。"在公私合作的背景下，有更多类似'行政主体—承担行政任务履行的私人部门—行政相对人'的三角关系不断涌现"①，这会形成两对法律关系：一是政府与私合作主体的关系，二是政府与利益第三方之间的关系，需要完善这两对关系出现纠纷之后的争议解决方法。

（一）公私合作主体间纠纷解决方式

当政府与私合作主体之间发生纠纷，私合作主体可采取何种方式要求救济通常由公私合作协议的法律性质来决定，我国目前关于合作协议的性质尚存争议。部分学者认为，公私合作强调主体双方平等，因此应当认定为民事合同，且发生纠纷后，提起民事诉讼更有利于私主体的权利救济。② 我们认为，由于突发公共事件中的公私合作涉及公共利益，符合行政合同的性质，将公私合作协议认定为行政合同比较适当。另外，与私法相比，公法对行政主体的规制更多更为细致，故以行政诉讼方式更有利于保护私合作主体的合法权益。

我国现行《行政诉讼法》第 12 条将"认为行政机关不依法履行、未按照约定履行或者违法变更、解除政府特许经营协议、土地房屋征收补偿协议等协议的"纳入行政诉讼受案范围，故在突发公共事件中，私合作主体权益受损时可通过提起行政诉讼的方式寻求权利救济。此外，除行政诉讼之外，还可借鉴法国、意大利等其他国家的经验，积极发挥协商等方式的作

---

① 章志远：《迈向公私合作型行政法》，《法学研究》2019 年第 2 期。

② 朱永倩、张卫彬：《PPP 模式下私权主体权利保护研究》，《齐齐哈尔大学学报》（哲学社会科学版）2019 年第 8 期。

用，完善其他纠纷解决机制，解决突发公共事件中公私合作引起的纠纷，切实保障私主体的合法权益。

（二）第三方利益受损时的权利救济

合作行政兴起前，行政任务主要由行政机关完成，行政机关负有直接履行相关义务的职责，在执行行政任务时造成第三方权益受损的，自然应当由国家承担赔偿责任。随着社会的发展，更多的私主体参与到行政任务中，行政任务的履行不再专属于行政机关，私主体或者私主体与行政机关合作也可完成一些行政任务。但履行主体的变化并不会导致政府责任的消灭，"根据社会国理论，作为公共服务的天然提供者，政府对公共服务负有公法上的实体责任，即对提供公共服务承担着终局担保的法律责任"[①]。"国家担保责任从而意味着官民间是一种合作的模式，各有其所应负责的部分，国家系经由大致的条件设定以及相关结构性的要求而影响私人，促使公共福祉有关的目标能够受到应有的调控而为落实"[②]，"这是国家在基础设施、担保给付和私有化后果方面的责任表现，核心是担保给付行政（Gewährleistungsverwaltung）"[③]，"而确立担保责任的目的则在于，当私主体无法实现公共服务提供目标时，由行政机关承担必要的责任，既确保公民最终利益的享有，也防止行政机关通过合同转嫁其责任"[④]。故私主体参与突发公共事件应对时造成第三方权益受损的，除了私合作主体在其民事法律责任范围内承担责任外，由于事关众多公众，当私合作主体无力承担责任时，政府应最后承担一定的责任，这种责任主要是一种担保给付责任，国家承担责任后，可依据合同就过错部分向私合作主体追偿。

---

① 邓睿：《论政府在购买公共服务中的角色定位及其法律责任——以法律关系基本构造为分析框架》，《行政法学研究》2018 年第 6 期。

② 翁岳生编《行政法》（上册），中国法制出版社，2009，第 345 页。

③ 〔德〕汉斯·J. 沃尔夫、奥托·巴霍夫、罗尔夫·斯托贝尔：《行政法》（第三卷），高家伟译，商务印书馆，2007，第 468 页。

④ 胡敏洁：《论政府购买公共服务合同中的公法责任》，《中国法学》2016 年第 4 期。

五　结语

　　吸纳私主体参与应对突发公共事件的应对有重要意义，但如何规范突发公共事件应对中的公私合作仍是行政法学研究的一个重要课题。不同于一般的公私合作，突发公共事件状态下的公私合作通常要求在短时间内形成合作关系并高效完成行政任务，故该种情况下的公私合作应当以灵活高效为原则，简化行政程序，确保私主体迅速参与到突发公共事件的应对中，同时在合作的过程中应当积极保障私合作主体的知情权、财产权等合法权益，为可能发生于公私合作主体和第三方之间的争议提供有效解决途径，完善突发公共事件中公私合作相关的行政法规制。

　　突发公共事件中公私合作制度的完善很大程度上也影响着合作行政理念的发展。传统行政法学以控权为重心和目的，而随着我国合作行政模式的兴起，公私合作带来了许多新的问题，现代行政法学需积极做出相应的改变以应对这些新情况。目前，我国行政法学界关于公私合作的定义和分类尚未达成一致，法律制度滞后于实际需要已是不争的事实。因此，为健全行政应急管理体系、创新公私合作的行政法治理念，我们应当以突发公共事件应对中公私合作法律制度的完善为契机，对公私合作理论进行更深入的研究，并在实践中加快公私合作的立法进程，完善现有公私合作相关法律规范，同时注重一些特殊环境下公私合作的理论研究和制度设计，使我国合作行政模式更加完善。

优化营商环境精准法律服务的信息化路向

陈和芳[*]

摘　要： 从实践来看，当前优化营商环境精准法律服务的信息化主要包括法律服务需求数据采集的信息化、法律服务提供过程的信息化，以及法律服务评估反馈的信息化等内容。然而，由于投入不足、各自为政以及经验缺乏等，仍然存在信息化能力严重不足、信息化建设整体碎片化，以及法律服务评估反馈的信息化缺乏等严重影响相关信息化促进优化营商环境精准法律服务功能实现的问题。因此，有必要通过适当加大信息化建设的整体投入，构建政府主导下统一的优化营商环境精准法律服务平台，以及建立优化营商环境精准法律服务的信息化评估反馈程序等途径，促进优化营商环境精准法律服务的信息化充分实现。

关键词： 营商环境　精准法律服务　信息化

2019 年 2 月 25 日，习近平总书记在主持召开的中央全面依法治国委员会第二次会议上强调"法治是最好的营商环境"。事实上，优化营商环境，特别是建设创造法治化的营商环境，可以有效发挥法治固根本、稳预期、利长远的保障作用，能够大大降低投资的风险并为企业的发展和创新提供必要的外部条件，对经济的可持续发展具有至关重要的作用。[①] 因此，从优化营商环境的法治建设来论，为企业提供精准法律服务是形成良好营商环境并使其持续优化的必要条件，在互联网技术迅速普及的数字时代背景下，充分利

---

　*　陈和芳，四川轻化工大学法学院副教授。
　①　冯涛、张美莎：《营商环境、金融发展与企业技术创新》，《科技进步与对策》2020 年第 6 期。

用最新的信息技术成果促进相关法律服务的精准化，是新时代优化营商环境必须高度关注的重点。对此，针对在优化营商环境的精准法律服务信息化建设上的具体实践及其存在的体制机制障碍，进一步推动机制创新与路径完善，对优化营商环境的精准法律服务信息化建设具有重要的理论补强价值与实践指引意义。

一　优化营商环境精准法律服务信息化的运行考察

优化营商环境的精准法律服务过程，必须以相关法律服务的提供主体和接受主体之间良好的信息交流为基础，而信息化的本质即为对最新技术成果的充分利用。[①] 事实上，相关精准法律服务信息化的过程，本质上即为在优化营商环境相关法律服务提供者和接受者之间畅通的数字化信息化渠道的建立和使用，使作为接受者的企业需要的法律服务能够得到精确且充分满足的过程。正是由于信息化技术对于优化营商环境相关法律服务的精准化所具有的明显促进作用，相关信息化进程得到了相关政府部门的高度重视并在实践中进行了广泛的应用。从实践来看，目前，优化营商环境精准法律服务的信息化建设整体情况如图 1 所示。

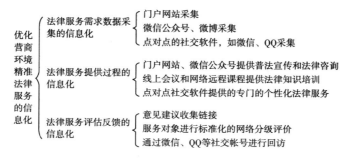

图 1　优化营商环境精准法律服务的信息化实践示意

---

① 曾维伦、周志强、唐杰：《信息化的本质和特征——基于社会文化视角的考察》，《山东社会科学》2008 年第 1 期。

（一）法律服务需求数据采集的信息化

法律服务需求的精确了解是实行精准法律服务的前提和基础，因此，有必要改变传统的自上而下的政府供给导向，实行自下而上的需求导向。[①] 在信息化建设中，对以企业为主的法律服务对象进行相应的需求数据采集是当前优化营商环境精准法律服务的重要组成部分。一般来讲，法律服务需求数据采集的信息化包括以下几种方式。一是通过相关政府部门的门户网站，尤其是司法部门的门户网站上的意见建议搜集相关链接，获取公众对于法律服务需求的相关信息。如泸州市司法局即在其门户网站设立了"我要建议"和"部门信箱"栏目等，搜集包括公众法律服务需求在内的相关信息。二是通过微信公众号、微博等，在相关法律服务栏目中设置相关意见建议搜集的相关链接，如自贡市司法局通过微信公众号"盐都司法"、重庆市荣昌区司法局通过"荣昌区司法行政"微博获取公众对于法律服务需求的相关信息。三是对于相关政府部门或者法律服务社会组织重点关注的企业，通过点对点的社交软件，如微信、QQ 等直接进行联系，通过专人定期不定期地对相关企业人员进行沟通的方式，获得重点企业对于法律服务需求的相关信息。如 2021 年 2 月 26 日成立的重庆市人民检察院知识产权检察办公室，即将 11 家企业作为联系点企业，设立专人与这些企业进行包括法律服务需求数据采集在内的知识产权保护方面的密切交流。[②] 通过上述的门户网站、微信公众号和微博，以及点对点社交软件的多元化信息采集方式，在一定程度上保证了对具有不同法律服务需求企业的相关需求数据的采集，使相关法律服务提供部门能够较为准确地掌握不同企业的法律服务需求动态，为后续精准法律服务过程的信息化提供了必要的需求信息基础。

[①]　尹利民、赖萍萍：《精准扶贫的"供给导向"与"需求导向"——论双重约束下的精准扶贫地方实践》，《学习与实践》2018 年第 5 期。

[②]　《重庆首批知识产权检察办公室揭牌》，人民网，http://cq.people.com.cn/n2/2021/0227/c365401-34596758.html。

（二）法律服务提供过程的信息化

为了尽可能地提高法律服务提供的及时性，提升服务对象的法律体验和获得感，通过各种信息化渠道为企业提供精准法律服务是所有法律服务提供者的共同选择。具体来说，为了尽可能实现优化营商环境法律服务的精准化，当前采取的法律服务提供过程的信息化主要包括以下内容。一是通过门户网站、微信公众号等法律栏目直接进行各种形式的普法宣传，公众可以通过这些渠道直接查询到需要了解的法律，以及与这些法律相关的案例和详细解读等内容，并且可以通过这些栏目中设置的专门链接获得相应的法律咨询服务。例如，泸州市司法局的门户网站、自贡市司法局的"盐都司法"微信公众号等，均有查询相关法律法规以及进行咨询的专门链接。二是通过线上会议和网络远程课程等形式，针对有需求的企业进行专门的法律知识培训，并由相关会议主持人员和课程主讲人等对在线提出的各种具体法律问题进行解答。三是通过专门的社交软件如微信、QQ 等与相关企业人员进行实时互动，直接为特定企业提供专门的个性化法律服务，为其解决各种具体的法律问题。由此可见，当前法律服务提供过程的信息化已经得到了相当程度的普及，并建立了包括上述诸多信息化方式在内的多元渠道，使通过信息化提供法律服务成为多数企业和相关政府部门的选择，为法律服务提供过程信息化的全面推行提供了良好的用户基础。

（三）法律服务评估反馈的信息化

为了保证法律服务的质量，对相关法律服务的质量进行评估反馈，进而为后续改进提供必要的依据非常关键。因此，法律服务评估反馈的信息化也是优化营商环境精准法律服务信息化建设的重要内容之一。就当前来说，法律服务评估反馈的信息化主要侧重于对相关法律服务的评价和建议的搜集，具体包括以下三种主要方式。一是通过相关门户网站、微信公众号和微博等的法律栏目的意见建议收集链接，获得对法律服务评估反馈的相关意见和建议。如泸州市司法局的门户网站、自贡市司法局的"盐都司法"微信公众号，以及重庆市荣昌区司法局"荣昌区司法行政"这一微博均具有相关意见和建议收集的链接。二是为专门的企业对象提供法律服务之后，通过相关数据采集系统，由接受服务的对象对其进行标准化的分级评价，一般分为非常不满意、不满意、基本满意、满意、非常满意五个等级可供选择，并有专门的意见评价专栏收集具体的评价和建议。三是通过类似售后服务的形式，对接受专门法律服务的企业通过微信、QQ 等社交账号进行回访，并在此过程中接受企业对相关服务的评价和建议。在优化营商环境精准法律服务信息化的整体结构中，法律服务评估反馈的信息化是最不受重视的建设薄弱环节，但在具体的信息化建设过程中也取得了一定程度的进步。不仅法律服务评估反馈的必要性已经得到人们的普遍认可，从而在相关信息化服务模块中添加了信息反馈功能，而且也逐渐为部分用户所接受，在使用了相关法律服务相关的信息化服务后继续进行评价并提出相应意见和建议的情况正在逐渐增加。

二 优化营商环境精准法律服务信息化的问题审视

以互联网为代表的现代数字技术所具有的信息传递上的高效性、便利性和低成本等优势，使信息化建设成为当前优化营商环境精准法律服务不可或缺的重要组成部分，并且通过推动相关需求信息采集的信息化、过程的信息化，以及评估反馈的信息化等，为优化营商环境精准法律服务的顺利实现提供了可靠的技术基础。① 然而，在优化营商环境精准法律服务信息化的具体实践中，信息化建设应有的促进法律服务精准化功能受到严重限制，还存在不少问题。

（一）信息化能力严重不足

虽然通过信息化建设促进优化营商环境相关法律服务的精准化已经成为

---

① 苏号朋、鞠晔：《论网络消费欺诈的法律规制》，《法律适用》2012 年第 1 期。

相关部门和人员的共识，并为此进行了大量的投入，取得了一定的成效，然而，就当前社会的信息化发展水平而言，优化营商环境精准法律服务仍然存在信息化能力严重不足的问题，从而大大限制了信息化对相关法律服务精准化的促进作用。具体来说，当前实践中信息化能力严重不足主要表现在以下三个方面。一是信息化必需的软硬件设备投入严重不足。虽然当前相关政府部门和组织均在信息化建设方面取得了一定的成就，具有了较好的基础，但这些信息化软硬件多数均不是专门为营商环境精准法律服务建设而投入的，因此，其并不能充分满足相关法律服务精准化的需求。[①] 尤其在软件方面，由于一般的信息化软件均为某种专门用途而设计，不像硬件如计算机终端、网络设施等具有较强的通用性，缺乏专业化的优化营商环境相关的法律服务软件系统使信息化能力受到极大的限制，大大阻碍了信息化促进优化营商环境法律服务精准化功能的实现。二是信息化必需的专业人才的缺乏。专业人才是提升质量和效率的关键。对于优化营商环境精准法律服务的信息化来说，不仅需要精通相关信息化软硬件系统操作与维护的技术人才，还需要熟悉营商环境和法律服务的经济类和法律类人才，尤其是同时兼具信息化技术能力、经济类和法律类专业能力的跨专业人才。[②] 然而，在当前多数提供相关法律服务的政府部门和社会组织中，同时具有充足的上述三种人才的少之又少，尤其是急需的跨专业人才更是凤毛麟角。信息化专门人才的缺乏，使已有的信息化软硬件得不到充分利用，进一步限制了其促进相关法律服务精准化功能的实现。三是信息化相关专门组织的缺乏。优化营商环境精准法律服务信息化功能的充分实现，需要对各种相关人员和资源进行调配和协调。专门组织的缺乏，使这种调配和协调缺乏制度化的专业管理，必然降低信息化相关人员和资源配置的效率，进而限制了信息化促进优化营商环境法律服务精准化功能的充分实现。正是软硬件设备的投入、专业人员以及专业机构等诸多方面投入的不足，使本应当在优化营商环境精准法律服务中占据主导

---

① 李先军、罗仲伟：《新时代中国营商环境优化："十三五"回顾与"十四五"展望》，《改革》2020 年第 8 期。

② 陈梦娇：《论营商环境法治化背景下的市场监管路径》，《法学》2020 年第 3 期。

地位的信息化方式的地位受到大幅度削弱，当前优化营商环境精准法律服务仍然以信息传播效率低下的线下见面方式与高效率的信息化方式并存的方式运作，甚至在很多领域，如法律咨询和法律培训领域，仍然以线下见面方式为主。虽然这种现象的存在与已经形成的传统习惯以及过渡时期的必然存在密切相关，但信息化能力的严重不足无疑是当前优化营商环境精准法律服务中信息化方式没有占据应有主导地位的关键因素。

（二）信息化建设整体的碎片化

信息化建设整体的碎片化，是影响优化营商环境精准法律服务信息化建设的重要因素。当前，优化营商环境精准法律服务的相关政府部门和社会法律服务组织虽然均在某种程度上开展了相应的信息化建设并取得了一定的成绩，但这种信息化建设基本上各自为政，就整体来看呈现出严重的碎片化特征。① 具体来讲，这种信息化建设整体的碎片化主要体现在以下三个方面。一是信息化建设规划的碎片化，不同的法律服务提供主体之间，如司法机关、检察机关、法院、律师协会、律师事务所一般都有自己的优化营商环境相关的法律服务规划，但这些规划之间并不存在密切的协调和配合，更不存在对这些规划具有约束力的整体规划。二是信息化建设技术方面缺乏必要的兼容性。② 由于不同的政府部门和社会组织在信息化建设上处于相互独立的状态，在相关信息化系统的技术标准上往往各不相同，彼此间缺乏必要的兼容性，彼此间的信息化协调缺乏必要的技术基础。三是利用信息化提供相关精准法律服务过程中缺乏必要的协调和衔接机制。如针对企业提供一对一的精准法律服务，往往不同政府部门和社会组织的相关企业名单出现严重重叠，导致某些重点企业受到过多法律服务提供者的青睐，而很多企业则完全得不到必要的法律服务的不均衡现象。信息化建设在规划、技术标准以及过程管理中的碎片化，必然使不同部门的信息化资源因为得不到必要的整合而

---

① 张定安：《深化"放管服"改革 优化营商环境》，《中国行政管理》2020 年第 2 期。
② 彭向刚、马冉：《政企关系视域下的营商环境法治化》，《行政论坛》2020 年第 2 期。

造成配置效率低下，进而使信息化促进优化营商环境法律服务精准化的功能难以充分实现。

（三）法律服务评估反馈的信息化缺乏

当前，优化营商环境精准法律服务信息化最严重的问题之一，是对法律服务评估反馈信息化的忽视而造成的相关信息化缺乏。具体来说，当前的相关法律服务评估反馈的信息化缺乏，主要体现在以下两个方面。一方面，法律服务评估反馈的信息化建设整体不足。这种不足主要体现在当前相关法律服务信息化建设主要集中在相关法律服务需求的数据调查采集和法律服务过程信息化两方面，而不重视法律服务评估反馈方面的信息化建设，从而造成相关信息化建设整体不足。另一方面，法律服务评估反馈内部信息化建设结构性失衡。[①] 展开来看，虽然当前也存在为数不多的法律服务评估反馈的信息化建设，但往往只重视法律服务结果评估意见搜集的信息化，而不重视对相关评估进行反馈以及后续改进的信息化。正是由于相关法律服务评估反馈的信息化上述两方面的缺乏，当前优化营商环境精准法律服务的信息化建设中只重视与法律服务提供直接相关的需求调查和服务提供两方面，而忽视后续持续改进必不可少的评估反馈的发展不均衡局面，对于优化营商环境精准化法律服务质量的持续提高产生了严重的不利影响。

三　优化营商环境精准法律服务信息化的实现路径

利用信息化促进优化营商环境精准法律服务既是数字时代的必然选择，也是当前相关法律服务精准化的主要发展方向。因此，针对当前实践中存在的不利于优化营商环境相关法律服务精准化的信息化建设存在的问题，有必要通过相应的有效途径予以妥善解决。

---

① 袁莉：《新时代营商环境法治化建设研究：现状评估与优化路径》，《学习与探索》2018 年第 11 期。

（一）适当加大信息化建设的整体投入力度

信息化能力不足问题产生的主要原因，在于相关信息化建设整体投入的不足。因此，有必要针对当前信息化能力不足的相关表现，适当加大信息化建设的整体投入。其主要包括以下三个方面的内容。

1. 加大对优化营商环境精准法律服务相关的软硬件设备的投入力度

在加强当前紧缺急需的信息化硬件设备的基础上，主要加强优化营商环境精准法律服务相关的专业系统软件的开发和应用，为相关精准法律服务信息化奠定良好的物质基础。[①] 一方面，应当为司法机关和其他提供法律服务的组织等，提供必要的与优化营商环境精准法律服务相关的信息化硬件设备，包括相应的信息化终端设备、服务器、光纤通信设施和无线通信设施等，以满足进行优化营商环境精准法律服务最基本的信息化硬件需求；另一方面，应当大力加强与优化营商环境精准法律服务相关的专业系统软件的开发和应用。事实上，经过多年的信息化投入，虽然还存在个别提供法律服务的主体信息化硬件不足的情况，但整体来看基本能满足相关信息化建设的要求。然而，在软件设备投入方面却不尽如人意。这种情况的出现不仅是因为软件的重要性没有受到相关方面的必要重视，而且与软件的前期投入较大密切相关。因此，在采取多种措施促进相关方面对软件投入的意识逐步加强的同时，应当对精准法律服务相关的专业系统的开发和应用加大投入力度。不仅应当积极与专业的互联网公司合作开发适合优化营商环境精准法律服务需要的专业平台软件，而且要通过培训等方式让相关服务提供人员尽快掌握相关软件的使用，并在使用实践过程中加强与软件开发公司的交流与合作，对相关软件不断进行性能优化的修改和完善。

2. 通过内培外聘的方式提升相关法律服务队伍的信息化专业素质

为了尽快提升整体队伍的信息化专业素质，不仅要对已有相关人员进行

---

① 杨丽花、董志勇：《市场化法治化便利化视野下的营商环境建设》，《中国特色社会主义研究》2019 年第 5 期。

相关信息技术、经济和法律等方面的专业培训，还需要通过直接外聘相关专业人员或者专业组织的方式补齐现有专业人才不足的短板，尽可能地提升相关队伍整体信息化专业能力。一方面，充分利用提供法律服务相关部门自身所具有的专业技术力量，聘请专业的相关信息化互联网公司成员为其进行技术培训，使相关专业技术人员具备独立的对相关软硬件信息化设备进行维护和日常性维修的能力，以及与开展合作的互联网公司进行技术交流并提出完善改进意见的能力，并以这些经过专业培训的内部技术力量为进一步培训的师资，对提供法律服务的普通人员进行相应的专业技术培训，使其具备基本的信息化设备操作能力和操作使用信息反馈能力；另一方面，利用外聘的方式快速解决高端信息化人才不足的问题。内培的方式需要经过一段较长时间的过程，而且受限于内部人才自身在总量和个体质量上的限制，为了尽快提高相关精准法律服务队伍的信息化专业素质，有必要通过外聘与内培相结合的方式予以有效解决。外聘主要包括两方面内容：一是对为法律服务队伍提供技术服务的专业技术人员的招聘，可以通过专门面向全社会的专业考试予以录用实现；二是对新入职的精准法律服务提供人员，在录用条件中增加相关信息化素质的要求，即新入职人员在正常情况下必须具有对相关信息化设备操作的基本知识和能力，从而缩短对其入职后的培训周期，使其能够在入职后迅速利用信息化设备提供精准法律服务。

3.成立专门的信息化组织并加强配套设施方面的投入

在设立优化营商环境精准法律服务信息化建设专门组织的基础上，为了保证相关专门组织的顺利运作，还需要加大相应的包括场地、相关设备等必要的配套设施的投入力度。如必须为信息化的服务器和终端提供专门的安置场地，为信息化专业技术人员提供必要的办公和工作场所，为信息技术设备提供专门的空调设备、除尘设备，以及其他配套的电器设施等。增加信息化整体投入具体组成如图2所示。

（二）构建政府主导下的统一的优化营商环境精准法律服务平台

针对当前信息化建设各自为政的碎片化问题，有必要通过构建政府主导

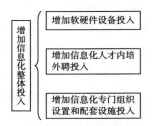

图 2   增加信息化整体投入具体组成示意

下的统一的优化营商环境精准法律服务平台的方式予以解决。具体来说，即需要打破当前相关信息化建设不仅缺乏整体规划，而且在具体技术标准以及实施过程中各行其是的局面，通过统一的网络平台的构建实现不同政府部门和社会组织间的相关精准法律服务资源的有效整合（见图 3）。

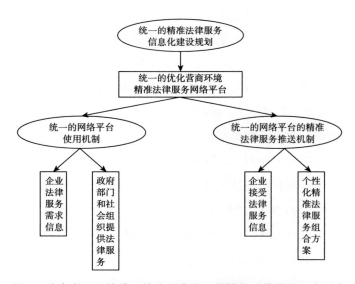

图 3   政府主导下的统一的优化营商环境精准法律服务平台示意

1. 实行相关信息化建设的统一规划

为了保证不同政府部门在精准法律服务提供信息化建设方面的资源整合，尽可能提升整体信息化建设效率，必须在顶层设计上首先实现不同政府部门在精准法律服务信息化建设规划上的整合，有效打破不同政府部门之间各自为政的局面。具体来讲，应当由不同的政府部门统一上级部门的信息化建设部门，或者由统一的上级部门指定相关政府部门，如由地方政府的信息化建设部门，或地方政府指定司法机构的信息化建设部门牵头，在充分收集企业法律服务需求信息，以及提供法律服务的相关政府部门和社会组织相关信息的基础上，对地方政府所属所有政府部门与优化营商环境精准法律服务相关的信息化建设进行统一规。① 为了保证规划的科学性，负责统一规划的信息化建设部门不仅需要站在整体政府规划的角度上对具体政府部门的相关信息化建设进行规划，而且需要充分收集不同政府部门的具体需求以及已有信息化建设的基础信息，最大限度整合不同政府部门已有的信息化资源，使相应的信息化建设统一规划在科学性的基础上，具有较强的可操作性。

2. 搭建相应的统一网络平台

为了保证相关统一规划的落实，在此规划的基础上，由政府司法机构的信息化建设部门牵头，构建统一的优化营商环境精准法律服务平台。这一统一网络平台的目的是在具体实践中对可能出现的不同政府部门提供相关精准法律服务的过程中各自为政的局面进行信息化技术性阻断，通过信息化软件平台的设计，保证精准法律服务提供资源的有效整合。具体来说，这一统一的网络平台应当具备以下必需内容。首先，应当根据不同政府部门提供精准法律服务的职责和资源优势，对其使用信息化统一网络平台的功能进行分工设置，通过科学的功能分工最大限度发挥不同政府部门的法律服务提供能力。其次，应当根据不同政府部门的分工权限，对其使用统一网络平台的具体权限进行设置，不同政府部门根据分工及权限不同，只能使用其需要的相关功能模块并动用相应的信息化权限，超出平台规定权限的使用请求将自动被系统拒绝，没有被处理的权限范围内事务则通过平台提醒系统对柜关部门人员发出提醒信息敦促其尽快完成。通过分工权限设置，从技术上有效解决其可能出现的精准法律服务提供碎片化导致的分工上重复或存在漏洞的问

---

① 王仁贵：《优化营商环境的税务实践》，《瞭望》2017 年第 48 期。

题。最后，由负责统一规划和建设的相关专门信息化建设部门负责相关网络平台的日常维护并接受和采集具体使用操作人员的信息反馈，在对可能出现的问题进行协调和处理的基础上，针对反馈存在的问题与专业互联网公司合作进行完善和改进。

3. 构建统一网络平台的使用机制

为了保证统一网络平台整合各方精准法律服务资源的功能得到真正实现，还需要构建统一网络平台的具体使用机制，即要求所有具有相关精准法律服务需求的企业，必须通过统一网络平台提出自身的相关法律服务需求；而提供精准法律服务能力的政府部门和社会组织等，除了普法宣传类的法律服务外，针对特定企业提供的法律服务，必须通过统一网络平台完成。也就是说，所有的提供优化营商环境精准法律服务的相关人员以及具有相应需求的人员，必须通过相关统一网络平台完成使用过程。一方面，具有相关精准法律服务需求的企业，要想获得相应的法律服务，必须通过统一平台发出申请，并由具有相关服务职责的部门接收后通过统一平台进行处理。除非出现非常紧急来不及使用统一网络平台的情况，或者提供服务的部门和相关企业直接面对面协商的情况，不得通过其他方式提出服务需求并提供相应的服务。即使前述两种特殊情况，也必须在事后即时在统一平台上进行补录并进行特别说明。另一方面，建立不合规使用统一平台的追责制度。比如对不合规提供需求信息的企业，初次做出相关信息即进行警告，多次违反相关规定即做出停止为其提供服务一定期限的处罚。对不合规提供法律服务的政府部门，初次进行警告，多次则对相关部门通报批评，并对直接责任人员进行纪律处分。

4. 建立统一网络平台的精准法律服务推送机制

对此，需要充分利用最新的大数据和云计算技术，根据不同用户通过网络平台提出的法律服务需求，以及具体接受的法律服务等，为其量身定做相应的法律服务组合方案，充分实现精准法律服务应当具有的个性化和互动性特征。一方面，应当对通过统一网络平台提出精准法律服务需求的企业进行相关的信息采集，通过大数据和云计算方式对其主要的法律服务需求进行分析和处理，并根据分析结果为其量身定做相应的法律服务组合方案；另一方面，统一网络平台根据相关企业接受推送的法律服务组合方案被采纳的情况，对其不断进行修正，在不断根据相关企业需求实际进行变动性调整的情况下保证精准法律服务组合方案推送的实用性和及时性。

（三）建立优化营商环境精准法律服务的信息化评估反馈程序

信息化评估反馈程序设置的目的，在于通过充分收集相关部门在使用统一网络平台过程中发现的问题以及相应的改进建议，为后续信息化建设的方向和改进策略提供必要的问题导向信息基础，使优化营商环境精准法律服务的信息化建设在与时俱进的过程中不断优化。因此，为了保证优化营商环境精准法律服务的持续改进，在完成了相关需求信息采集和实施过程信息化建设的基础上，还必须建立科学的相关信息化评估反馈程序（见图4）。

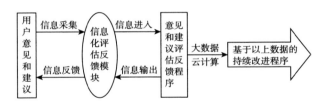

图 4　优化营商环境精准法律服务的信息化评估反馈程序示意

1. 设置专门的信息化评估反馈模块

相关模块直接设置在上述建立的统一网络平台中，其应当具有相关法律服务提供后的用户评估意见和建议收集功能，以及将接收意见部门处理意见的信息及时返回相关用户的反馈功能。亦即通过专门信息化评估反馈模块的设置，在统一平台的用户和统一平台的管理者之间构建必要的信息沟通和互动的桥梁，通过反馈模块将相关意见和建议源源不断地输送到管理者，并由管理者根据相关规定对这些信息进行进一步的处理和充分利用。

2. 制定具有约束力的相应评估反馈程序

为了保证相关模块意见收集和处理信息反馈功能的落实，需要制定具有约束力的相应评估反馈程序，即规定对于收集到的评估意见，必须在规定的时间内进行处理，处理结果必须在规定的时间内反馈给相关用户，相关用户对处理结果不满意的，可以进一步通过相应的评估反馈功能模块提供意见，相关意见同样进入相应的评估反馈程序，直到用户对相关处理结果满意而不再提出意见。①

3. 建立基于评估反馈信息数据的持续改进程序

通过评估反馈程序收集到的相关法律服务的意见以及后续的处理结果等，应当结合大数据分析和云计算技术进行统计、分析和整理，并以此为基础对后续精准法律服务规划进行改进型调整，保证相关精准法律服务优化营商环境功能的可持续发展。

四　结语

整体来论，信息化作为促进优化营商环境精准法律服务的关键环节，受到政府相关部门的高度重视，并在具体建设中取得了一定的成绩。然而，由于信息化建设相关软硬件设备和人才的缺乏，以及精准法律服务提供主体的多元化和经验不足等，产生了诸如信息化能力不足、信息化建设碎片化和评估反馈信息化建设缺乏等限制信息化促进优化营商环境精准法律服务功能实现的问题。针对这些问题制定出操作性强的可行性措施，对于优化营商环境目标下的精准法律服务机制的完善具有较强的参考与借鉴意义。

---

① 杨继瑞、周莉：《优化营商环境：国际经验借鉴与中国路径抉择》，《新视野》2019 年第 1 期。

从社会整合到法律调整：山区农村家庭的失序与应对[*]

——以云贵地区为讨论对象

王丽惠[**]

摘　要： 随着市场经济和城市化的推进，我国云贵山区农村的家庭秩序正遭受前所未有的冲击，夫妻关系、代际关系、兄弟家庭关系的传统团结性和温情性崩解，折射出山区乡村社会结构和伦理体系在现代化转型中的混乱、破碎与重建难题。传统云贵山区农村婚姻家庭秩序是以社会整合塑造的，市场经济通过让农民"走出归属""走出连带""走出公共合作"，分别瓦解了家庭整合、家族整合和村寨整合三个差序化社会整合机制，肢解了家庭秩序的根基。家庭秩序的维护机制始终具有"二元性"，一是社会组织力和整合力，二是国家法律制度建设。在社会整合衰微之时，家事法律应跟进对家庭秩序的调整和维护。在侧重向度上，家事法律应注重综合性关系而非财产契约关系、"家庭主义"而非"个人主义"的立法取向。在输送路径上，家事法律应通过塑造"主体媒介"和"规范媒介"强化秩序干预，改变家事法律在调整山区农村家庭关系上"身体不在场"的状况。

关键词： 家庭失序　社会整合　法律调整　云贵山区农村

---

　*　基金项目：国家社科基金青年项目"'乡治'体系变迁中的村规民约实施机制与困境应对研究"（19CFX014）。

　**　王丽惠，南京师范大学法学院讲师、中国法治现代化研究院研究员。

一　引言

家庭具有"为个人求发展，为社会谋秩序，为种族图久长保大"等作用。① 传统中国，家庭是国家的缩略，国家是家庭的叠合。家庭是政治秩序的系统，也是社会秩序的基石。在汉族地区，国家通过宗法制度和伦理化刑法对家庭进行深度治理，塑造稳定的家庭秩序。② 唐律有"七出三不去"和义绝之制，明代因之；清代亦无大增损，唯女子可以提出离婚之权③以严格限制夫妻离散。自唐至明清的法律都将"殴詈父母"和"供养有阙"列入"十恶"，塑造孝养尊亲的代际秩序。④ 宗族组织经国家赋权以族规、族产等社会机制维护家族秩序。⑤

中国地域辽阔，婚姻家庭风俗在区域空间上也存在较大差异。其中，云贵山区农村位于我国西南地区，处于国家文化和政权上的边陲地带，与东部、中部农村家庭相比，云贵山区农村家庭有其特殊的秩序形态和规范。云贵山区家庭的伦理规范色彩薄弱，婚恋较汉族规范更为开放、自然，如有"坐家""对歌结偶""情人制度"等习俗。云贵山区形成以自然崇拜为支撑，通过民族风俗、习惯法和村寨组织等予以整合的家庭秩序维持机制。传统时期，受恶劣的自然环境的影响，山区家庭的稳定性较差。据笔者等在云南武定调研时搜集的《李氏家谱》记载，在其家族迁徙至云南的数百年间，都因天灾、战乱、瘟疫、土匪、赋税、征兵等在逃荒和乞讨，家庭的稳定和扩大形态一直未形成。家庭成员早亡、改嫁、入赘的多，流动性很大。直至新中国成立以后，家庭才逐渐进入稳定化形态。

---

① 潘乃穆、潘乃和编《潘光旦文集》（第一卷），北京大学出版社，1993，第 130 页。

② 姜涛：《刑法如何面对家庭秩序》，《政法论坛》2017 年第 3 期。

③ 潘乃穆、潘乃和编《潘光旦文集》（第一卷），北京大学出版社，1993，第 191 页。

④ 沈玮玮、赵晓耕：《家国视野下的唐律亲亲原则与当代刑法——从虐待罪切入》，《当代法学》2011 年第 3 期。

⑤ 〔英〕科大卫、刘志伟：《宗族与地方社会的国家认同——明清华南地区宗族发展的意识形态基础》，《历史研究》2000 年第 3 期。

　　随着市场化的推进，中国进入"个体化"社会。市场化对西南云贵山区农村家庭秩序的冲击远甚于我国东部、中部农村地区。在市场差序化的圈层结构中，山区农村处于全国农村的边缘地带，面临区位劣势和收入劣势的双重挤压，女性外流、老人赡养问题更加突出。山区村民集体外出务工和经济理性观念的兴起瓦解了社区公共活动，导致社区离心化、原子化，破坏了传统维系家庭秩序的风俗习惯和村寨团结的涵养机制。山区家庭不稳定问题凸显，对家庭秩序的"保卫"亦更显艰巨和重要。

　　既有关于云贵山区婚姻家庭失序的研究主要从以下视角展开，一是伦理失范视角。认为"哭嫁""坐家"等风俗有维护家庭秩序的作用[1]，社会文化体系的解体是家庭稳定性差的原因[2]。二是经济挤压视角。认为市场化结构下山区家庭经济压力的加重使子女养老支持能力降低，动摇了家庭养老基础[3]；贫困导致农村大龄男青年婚姻剩余，产生社会不稳定、养老意愿低等问题[4]。在地化产业如旅游业的发展提供了不同于其他产业的条件，保证了家庭完整稳定。[5] 三是家庭权力关系变迁视角。男女比例失调破坏传统山区家庭夫妻平权关系，女性权利意识和利己意识凸显，引发跑婚问题。[6]本文关注转型时期云贵山区农村家庭秩序从"社会整合"到"法律调整"的变迁，认为家庭秩序的维护机制具有"二元性"，随着市场经济的兴起，传统社会组织力和整合力衰微，面对山区家庭失序，法律调整机制应跟进对家庭秩序的维护。文中实证材料来源于笔者等于 2017 年、2018 年

---

[1]　彭福荣：《试论土家族哭嫁歌中的女性家庭观念》，《贵州社会科学》2009 年第 7 期；陶自祥：《"不落夫家"：壮族女性走婚习俗的社会基础研究——基于滇东南 X 村女性"不落夫家"婚俗的考察》，《华中农业大学学报》（社会科学版）2015 年第 3 期。

[2]　龙寸英、李军：《贵州黄平 S 村婚姻伦理失范探析》，《三峡论坛》2020 年第 1 期。

[3]　张跃、王瑜、李超超：《少数民族养老模式研究——以云南少数民族村寨调查为例》，《思想战线》2004 年第 2 期。

[4]　黄锋、保继刚：《家庭化生产与傣族园旅游社区的三代家庭一体化》，《广西民族大学学报》（哲学社会科学版）2019 年第 3 期；徐晓秋：《西部贫困村大龄单身男性攻击性问题调查研究》，《浙江科技学院学报》2017 年第 2 期。

[5]　孙九霞、廖婧琳：《旅游参与对少数民族两性家庭分工的影响》，《思想战线》2016 年第 1 期。

[6]　李雪彦：《边远地区农村青年女性的"别样逃婚"研究——基于镇宁 G 乡的田野调查》，《陕西行政学院学报》2019 年第 3 期。

在云南武定县 L 镇 N 村、贵州石阡县 B 镇 C 村的调研，两个乡镇均为山区村落。①

二　从整合到离散：山区农村家庭秩序的瓦解

我国云贵山区农村的婚姻家庭秩序正遭受前所未有的冲击，夫妻关系、代际关系、兄弟家庭关系的传统团结性、亲密性崩解，折射出山区农村社会结构和伦理体系在现代化转型中的混乱、破碎与重建难题。

（一）夫妻家庭破碎

受市场经济唯利主义和多元文化的冲击，山区农村光棍、跑婚、离婚等现象持续增加。根据笔者对贵州石阡县 B 镇 C 村某村民小组 52 户家庭的统计，光棍、跑婚、离婚等"不完整"家庭共有 17 户，占比接近 33%。

近年来，"跑婚"在云贵山区农村普遍发生并不断蔓延扩散，严重冲击家庭的稳定。传统时期，山区农村也存在"跑婚""逃婚"现象，但多由情感原因诱致，如由包办婚姻、外地人骗婚或家暴等导致女方对婚姻生活严重不满，且"跑婚"始终是零星现象，不会破坏社会结构。② 但当下"跑婚"则是年轻女性外出务工后嫌贫爱富式弃家，是大规模务工潮兴起后爆发的问题。传统跑婚是女性的无奈出走，当下"跑婚"则是女性利己的选择。云南武定县 L 镇司法所所长告诉笔者，当地女性打工后跑婚已屡见不鲜，某村四个女性一起外出打工后一起跑掉；许多年轻女性打工后就与丈夫诉讼离婚，还没离开法院就有车在门口等候。③ 还有一家两兄弟的妻子皆有跑婚现象。④

---

① 2017 年 7 月、2018 年 1~2 月、2018 年 5 月，笔者随武汉大学中国乡村治理研究中心团队分别在两村进行了为期共 50 日的驻村调研。
② 李雪彦：《边远地区农村青年女性的"别样逃婚"研究——基于镇宁 G 乡的田野调查》，《陕西行政学院学报》2019 年第 3 期。
③ 2017 年 7 月 17 日在云南楚雄 L 镇调研与司法所朱所长（男，41 岁）访谈。
④ 2018 年 5 月 22 日与贵州石阡县 B 镇 C 村村民（男，59 岁）访谈。

"跑婚"引发家暴、情杀、子女失足、"骗婚"等诸多社会问题。"跑婚"激发夫妻间的情感冲突与暴力伤害，甚至酿成刑事犯罪。女性抛弃幼年子女也导致子女抚育、教育缺失。云南武定县 L 镇某女跑婚，丈夫常年在外打工，他们的女儿因无父母管教初中就与社会青年恋爱、怀孕、流产并辍学。① 贵州石阡县 B 镇 C 村李某的两个儿媳妇皆跑婚，留下两个上小学的孙子无人照料。② 有的"跑婚"暗藏"骗婚"，2015 年，云南武定县 L 镇一户人家儿子结婚不到三天女方就跑了。据村民介绍，"女方是骗婚，彩礼给了 8 万。男方父母没还价，儿子年龄大了，要多少都给，这家借 2 万，那家借 2 万，现在媳妇跑了，人财两空"③。贵州凯里杨某在支付吴某 4 万元及各类金银首饰之后，二人结婚，吴某以各种理由闹离婚并离家出走。后杨某通过走访得知，女方此前已和两个男性结过婚并骗取彩礼，达到目的后便闹离婚。④ 为了防止媳妇"跑婚"，许多男青年宁愿放弃进城打工，在家"看住"媳妇，加剧了家庭贫困，并进一步激化了女方对男方的嫌弃。

山区农村家庭离婚现象也在激增。山区农村夫妻关系向来较为稳定，离婚仅发生于女方不孕或被虐待、男方残疾等情形，即便有婚外情，一般也不会引发离婚。但据笔者对云贵 N 村、C 村的统计，每村民小组平均有五六户离婚，离婚年龄集中于 20～40 岁，夫妻关系越来越脆弱。山区农村家庭正经历社会转型引发的家庭核心化、原子化，夫妻关系发生深刻变革，亲密情感在维系婚姻关系上愈加重要却又极不稳定。外出务工促进了女性经济独立，女性不再依附男性而享有更高的自我主体性和情感体验性，不再愿意忍受身体和精神的压力。传统上不构成女方要求离婚的情形，如男方经济收入低、婚外情、赌博、酗酒等，则成为当下女性离婚的动因。城市化使男性群

---

① 2018 年 1 月 16 日在云南武定县 L 镇调研与某村民（男，62 岁）访谈。

② 2018 年 5 月 22 日与贵州石阡县 B 镇 C 村村民（男，59 岁）访谈。

③ 2018 年 1 月 16 日在云南武定县 L 镇调研与某村民（男，62 岁）访谈。

④ 参见"杨某 1 与吴某 1、吴某 2 离婚后财产纠纷"，贵州省凯里市人民法院〔2019〕2601 民初 4573 号。

体面临前所未有的经济压力，男方的经济危机会直接引发夫妻争吵、离心、家庭面临分崩离析的风险。

（二）代际反馈薄弱

中国家庭的代际伦理由父代的责任与子代的反馈两方面构成，形成两代间资源平衡互惠的代际秩序。一方面，这样的代际关系不是西方接力式的，而是反馈式的，"孝道"依然是中国伦理文化的根基；另一方面，父代的责任伦理也始终存在。责任伦理表现为"大多数老年人都是依靠自己的力量来解决生存必需的经济来源和日常生活照料这两件大事"①。家庭养老并不意味着子女给老年人对等的"反哺"，老人无怨无悔的付出总是大于子女的回报。② 总之，父代的"责任"与子代的"代际反馈"构成了中国家庭代际伦理的厚重性面向，也构建"恩往下流"的代际秩序。

但代际秩序也存在区域差异，山区农村代际关系有"责任伦理轻、代际反馈重"的特点。究其原因，主要是受自然环境影响。第一，山区老人退出生产领域早，子女赡养义务重。高原高寒山区山地陡峭，不便机械作业，对体力要求很高，不具有"老人农业"的基础，平原农村老人的"闲暇"农业在山区成为重劳动。老人五六十岁就赋闲在家，只从事养鸡、放牛、栽树等庭院生产或做一些简单轻松的家务，因而养老主要依靠子女，也不存在子女"啃老"现象。第二，子女对老人日常照料多。在云贵农村，一旦老人体弱多病，子女就放弃外出务工，留守照顾。调研时，听到农民说因照顾老人而不出去务工，笔者以为这是山区农村小农畏惧和逃避外出务工的托词，后来逐渐发现，"老人的日常照料比家庭经济发展更重要"的确是当地村民的一种普遍心理与规范。

但近年来，山区农村的代际秩序也受到市场经济的严重冲击。在城市化

---

① 杨善华、贺常梅：《责任伦理与城市居民的家庭养老——以"北京市老年人需求调查"为例》，《北京大学学报》（哲学社会科学版）2004 年第 1 期。

② 杨善华、贺常梅：《责任伦理与城市居民的家庭养老——以"北京市老年人需求调查"为例》，《北京大学学报》（哲学社会科学版）2004 年第 1 期。

焦虑和经济压力挤压下，年轻人留村会导致家庭陷入贫困，老人也认为自己是子女的拖累，承受着巨大的心理压力。一时间，老人争进养老院的风气盛行。云南武定县 L 镇政府在 1996 年成立了一家乡镇养老院，收留无子女的"五保"老人。养老院原本只接收无子女的老人，但因近几年申请入住的老人越来越多，也开始收留一些子女外出务工、无人照料的老人，当地老人们争着想要入住，甚至经常去养老院围堵、吵闹。① 长期以来，山区农村长老者享有很高威望，老人在社区深受尊重，很少有不赡养老人的情况。但近年来，不养老的现象却在增加。

（三）兄弟家庭分离

云贵山区农村以核心家庭或主干家庭为主体形态，兄弟成家数年后就会分家。不过，别居异财并没有疏离兄弟家庭的亲密情感和一体化生活关系。正如许烺光对云南喜洲镇的描述，"兄弟关系是父子关系的延伸，但并不从属于父子关系。……人们认为'兄弟本是同根生'。兄弟之间应该互相帮助，甚至在需要的时候，应尽抚养之责"，"妯娌之间（即兄弟的妻子之间）的关系与兄弟之间的关系一样，应该是一种和睦融洽、互助合作的关系"②。

云南武定县 L 镇的兄弟家庭会接纳身体残疾的姊妹共同生活，承担照顾弱者的底限责任；大部分兄弟家庭亲密无间，感情极为深厚。"分家不分心"原则贯穿兄弟家庭关系始终，保持着难分彼此的亲融感。兄弟家的孩子常是被共同抚育的；兄弟有不同业习惯法，在社区内，凡是兄弟经营的行业，其他兄弟不会再从事，以减少竞争；兄弟间频繁地串门吃饭；紧张的妯娌关系和矛盾也较为少见，妯娌、嫂妹关系亲密。总之，分家后兄弟家庭仍保持着紧密互助、亲情照料和经济连带，使家庭发展虽然枝叶分疏却颇具向心力，形成合力互助、开放性家庭观，形成对狭隘核心家庭观的排斥。

---

① 2017 年 7 月 19 日在云南武定县 L 镇调研与民政所所长（女，45 岁）访谈。
② 〔美〕许烺光：《祖荫下：中国乡村的亲属·人格与社会流动》，王芃、徐隆德译，（台北）南天书局有限公司，2001，第 51 页。

李某光（50 岁）兄弟三人的母亲去世得早，母亲去世时只有大哥成家，大哥结婚 11 年都没有分家，而是与父亲共同养家。父亲 1981 年去世，大哥因育有 5 个孩子而提出分家。李某光 1982 年结婚，并让小弟李某红与他一起生活，"小弟孤苦伶仃，不忍心把他分出去"；小弟 1983 年入伍，1986 年回家，1987 年结婚，婚礼是大哥、二哥一手操办的。小弟退伍的时候，可以分配到某边防检查站工作，但当时他只想着"哥几个在一处比什么都重要"，因此放弃公职工作，回村与哥哥们共同生活。事实上，李某红与李某光的分家也并不是因为兄弟二人想要分家，而是因为根据其民族（傈僳族）风俗，"一年一家不能有两个孩子出生，否则不吉利"，1987 年正好李某红家和李某光家都有孩子要出生，因而分家。三兄弟感情极好，尤其是二弟三弟，"每天都要互相串门，一起吃饭闲聊，孩子都已经大了，有他们自己的生活，兄弟感情则是不会变的，越来越浓厚"。[①]

市场经济的不断渗透也引发了"分家不分心"的兄弟家庭关系的断离。常年外出务工的时空分离阻断了兄弟家庭相聚交流的情感联络，制造了亲密情感的生疏化；而经济理性的兴起也使兄弟家庭间宅基地、借贷矛盾增多，原本紧密的生活互助纽带被消解。"分家不分心"的亲密兄弟家庭关系受到冲击。

三　山区农村家庭秩序的社会整合机制及瓦解

婚姻家庭秩序传统上是靠社会整合维系的，社会整合以价值规范生产和组织约束形塑社会效力。作为地缘和血缘共同体，山区村寨通过家庭的归属整合、家族的连带整合和社区的合作整合三个差序化整合层级塑造家庭生活的规范与秩序。当下城市化与市场经济对社会整合的瓦解冲击了家庭秩序的根基。

---

① 　 2017 年 7 月 20 日在云南武定县 L 镇调研与村民李某光访谈。

（一）走出归属：市场对家庭整合的瓦解

家庭是人的情感、经济的归属组织，人们在共同生活中获得亲密关系和精神慰藉，也获取了物质生活保障。市场经济改变了山区农村的家计模式，农民外出务工导致家庭在城市的离散。一般农村地区的农民家庭生产具有半工半耕的兼业性，老人务农、青年务工，形成代际合力。[①] 而山区农村家计模式具有"低兼业性"特点，农业生产风险高、收入低。

首先，山区农业收入微薄且缺乏"老人农业"支撑。山区农业生产为自循环小农经济，农民种植水稻、玉米、小麦、核桃等作物和养殖猪、牛、羊、鸡、鸭等牲畜及家禽，种植为养殖提供饲料，养殖过程中产生的粪肥又可以作为农业的肥料，形成种养循环。山区农业的种养循环是不可分割的必要链条：地力单薄要求必须使用牲畜粪肥而不是化肥才能保证产出，因此养殖成为种植的肥料来源；养殖又依赖种植提供的饲料以降低成本。就种植而言，山区地块分散、水利差、产量低，对劳动力投入要求高，60 岁以上老人很难胜任。以云南自然禀赋相对较好的坝区 N 村为例，水稻亩产只有600~800 斤，种子、农药、抽水费等投入约为 250 元，毛收入为 900 元/亩，只能种一季。玉米亩产为 700 斤，投入约 350 元，毛收入为 700 元。仅就水稻和玉米的收入而言，年收入不过千元。云贵农民有养头过年猪的习惯，约1.5 亩的玉米产量才能喂一头猪。因而，山区的农业种植只能糊口而无法创造经济收入。在打工经济兴起前，农民家庭的经济收入依靠牛、羊等大牲畜的养殖。建房、子女结婚、看病等农民人生大事的开销就来源于卖牛、羊等换取货币收入，事实上形成"牛、羊是银行"的经济收入方式。如 L 镇凤某小时候家里养了 70 只羊，每当他和姐姐要交学费时，家里就卖羊换学费；孙某家 2005 年建房也是靠卖了 5 头牛。在市场经济未深度渗透山区农村时，农民家庭的货币化消费较少，主要是建房、结婚等人生大事场合而基本没有日常货币化消费。

---

① 夏柱智、贺雪峰：《半工半耕与中国渐进城镇化模式》，《中国社会科学》2017 年第 12 期。

其次，山区特色农业风险高，无法支撑家庭经济增收和发展。与大田作物相比，果蔬等特色农业具有高收入、高风险特点，山区的特色农业尤其具有高风险性，甚至超越了其高收入的优势，容易将家庭经济带入亏损破产的境地。特色农业在种苗、大棚、流转费等成本投入上需要十几万元，田间管理中还需要持续不断的人工费、化肥和农药的资金投入，经营户不仅要借贷种植，还经常面临资金链断裂的困境。特色农业的收入极不稳定：高原高寒气候下，常突发冰雹雨雪天气导致减产；山区交通不便，生产的作物运输成本过高；市场行情的波动导致销售价格低于投入；自然和市场风险都会使特色农业种植血本无归甚至欠下债务。

贵州石阡县 B 镇 C 村属于高原山区，种植条件差。李某 2007 年养牛，因山坡太陡，好几头牛吃草时掉下山坡，亏损严重；2009 年种药材，因运费太高，种好的药材没办法运下山，只能烂掉；多次尝试下来，李某不仅没有在种植上有所收益，反而亏损了二三十万元，甚至连村民的流转费和雇工费都拖欠未支付。李某的妻子也因为家庭债务太多而"跑婚"。①

云南 L 镇 N 村属于坝区，耕种条件相对较好。丁某在村发展特色农业已有 7 年，种过辣椒、蔬菜（豌豆、甘蓝）等作物，但除了辣椒收益相对稳定外，其他作物都会因气候、市场等风险亏损。每遇虫害或天灾，李某要买农药或者设施以保证产量，但常因缺乏资金投入，只能眼睁睁地看着作物大面积减产。凤某 2016 年回村养猪，两年共投入 35 万元，有 26 头母猪和 200 头小猪。从种猪产下小猪崽到猪出栏，纯利最高时有 700 元/头，而低时只有 200 元/头，猪价每 3~5 年为一个波动周期，平均每年有十余万元收入，但猪瘟和市场波动等也使其收入并不稳定。N 村某农户 1 月份准备卖猪时，市场价是 17 元/公斤，他认为还可以再喂养以多赚点钱，又喂了 6 个月，消耗了 2 吨粮食，猪价却跌到 12 元/公斤。

可见，山区农村农民的大田种植仅能糊口而无法为家庭增加经济收入，支撑农民家庭经济的养殖业投入成本高，要农民日积月累地投入来累积。当

---

①　2018 年 5 月 20 日与贵州石阡县 B 镇 C 村李某（男，33 岁）访谈。

下兴起的特色农业具有高投入性、高风险性，并不适合大部分农民家庭。

　　受交通、文化等因素影响，山区打工潮的兴起比中部地区农村晚约十年，2010 年后，才迎来大规模外出务工潮。打工经济促使农民走出自循环小农经济，也让农民高度卷入市场，陷入货币化消费。

　　外出务工是最大化增加家庭收入的方式，尤能保障家庭收入稳定，规避农副业收入不稳定风险，使农民家庭能够有持续的积累，确保生活、教育和医疗的开支。在云贵农村，父子都外出务工的家庭收入水平在村为是最高的。相比于山区农业的"低兼业性"和特色种植的"高风险性"，外出务工的增收性、稳定性激励着农民不断走出家庭、走出农村，投身市场。其结果就是夫妻分散到不同的地点打工，长期异地分居。因山区农村年轻人受教育程度不高，一般为小学、初中毕业，在市场上只能从事低端服务业、低端加工业和销售业，男性主要做保安、销售，女性主要做保洁、餐饮服务，工作地点较为分散，很难夫妻一起。云南 L 镇徐某夫妇和两个儿子在昆明打工，四个人分在四个地方，每个月只能聚一次。打工经济带来的家庭成员长期异地分居，侵损了家庭内亲密关系、交流互动的基础，消磨了家庭的情感整合。

（二）走出连带：市场对家族整合的瓦解

　　家族是扩大的家庭，它以亲属关系为支撑，又是社区的主体构成，在结构上具有媒介性和联结性。尽管"大家庭神话"在前工业社会很难得到普遍实践支持，但家族作为具有高度整合性的亲缘实体在中国农村是广泛存在的。在中国农村，家族的成员构成可分为父系单系和父母双系两类，西南云贵山区的家族为"双系血亲"结构，由父系家族的"家门"和母系家族的"家后"共同构成。"家门"是以父系为轴的共祖父三代直系亲属，"家后"是指妻子的兄弟姐妹等姻亲属。云贵农村血亲与姻亲双系家庭的融合度和一体化程度很深，民间还常见姑舅表亲。[①] "家门"和"家后"共同构成家族

---

　　① 邹渊等：《贵州少数民族习惯法调查与研究》，中央民族大学出版社，2014，第 64 页；徐晓光：《款约法——黔东南侗族习惯法的历史人类学考察》，厦门大学出版社，2012，第 75 页。

单位，被称为"打断筋骨连着根的竹根亲"，是守望相助、患难相恤的组织。

作为生活互助的实体，家族是单个农民家庭社会生活的依托，是维系村庄秩序的核心力量，成员互有责任连带关系，有强烈的自己人认同和密切的生活交往。"山地民族居住优势以家族为单位相对集中，一家有事就是整个家族的事情。"① 云南武定农村有"建房不差账等倒，娶亲不差账等老"的谚语，农民面对结婚、建房等家庭生命周期大事件等重大经济开支时，因日常积累不足需要先行借债办理人生大事。村民借款的主要对象，就是家族成员。村民会因建房、娶亲、看病等必要开支主动向家族人借钱，而家族人也会责无旁贷地借予。村民主动和毫无心理负担地向家族成员借债以及家族成员义务性地借予说明家族借款的强规范性和普遍性。借债既然是家族成员的权利，就会有严格的事项限制，仅限于村民普遍经历的人生大事，以实现血缘共同体的互助，经商、投资、消费等开支则并非借债的事由。在建房时，村民还会共享技术和材料，如 L 镇 N 村下寨自然村 2015 年间集中建了一排房屋，皆因这几家是"家门""家后"的亲戚。

家族是自己人认同的亲密单位。云贵山区农村有一系列仪式和活动来塑造家族认同，整合家族成员关系和强化家族组织规范。其中，最具代表性的家族活动是"年猪饭"。"年猪饭"是云贵农村的传统习俗，每年农历冬腊月村民都要杀猪请客。在云南武定，"年猪饭"是最隆重的家宴，进了腊月，村民以户为单位，轮着杀年猪，邀请家族亲戚来做客。"年猪饭"是轮流的家宴，必须参加且必须回请。"年猪饭"是家宴的彰显，也是家族聚会的场合。"年猪饭"承担着调解家族成员纠纷的整合作用。

云南 L 镇村民李某某与大伯家毗邻而住，后由于大伯家果树枝干伸到李志强家被砍断，双方吵架并一直不相往来。待杀年猪时，他也必须去请大伯，"杀年猪就是家宴，必须要请大伯参加的，不然寨子的人会指责。请了就好，至于大伯是否愿意来，那是他的事"，李某某的大伯参加了年猪宴，

---

① 李向玉：《苗族习惯法中的神判方式遗留与现代司法实践探析——以黔东南特殊地域的司法文化为例》，《原生态民族文化学刊》2011 年第 1 期。

两家关系得以恢复。①

市场对于家族互助的冲击体现在激活婚姻市场和营造城市化购房动力方面。山区男性婚姻受到区位劣势和收入劣势的双重挤压，婚姻竞争加剧，结婚成本不断攀升。② 云南 L 镇 2000 年左右彩礼仅为 600 元，但 2016 年已经增长到一万多元。彩礼以外的结婚成本更是骤增，2000 年时，结婚一般要由男方为女方买衣服五六套、披风一套、羊角绕两圈的大绵羊、烟酒糖茶、一两袋米，2016 年以后则要求男方进城买房、买车。市场经济催生女性个体化和经济利己主义意识兴起。村庄女性多在县城或省会从事服务业，向往城市的生活消费方式，认为村里的基础设施和生活条件太差，如某年轻妇女所说，"在城里工作不用风吹日晒，冬天有暖气，穿的衣服也整洁，城里的姑娘皮肤都比乡下姑娘好"③。因此，进城买房也成为越来越多年轻家庭的选择。高额的婚姻支出、买房费用使农民人生任务的完成已无法靠传统"差账"方式维系，家族亲属的互助义务也被消解。家族守望相助的功能消失导致家庭规模萎缩、稳定性降低和抗风险能力下降，家族对家庭的整合能力和组织能力也会蜕化，核心家庭面临孤立化危机。

（三）走出公共合作：市场对社区整合的瓦解

社区整合具有整塑风俗、生产规范和实施规范的作用。社区整合以公共活动、集体行动和社区合作等机制培育社区公共性，塑造共识性规范。当下市场对山区农村的渗透瓦解了社区整合，冲击了风俗习惯的规范性和秩序性效力，加剧了婚姻家庭秩序的失范。

首先，市场冲淡山区农村的社会化帮工，消解社区合作机制。山区农村红白喜事、建房、农业耕种都高度倚赖社会化帮工。云贵农村红白喜事以村寨为单位展开，在云南 L 镇，遇有村民家人过世，凡是在省内务工的人必

---

① 2018 年 1 月 29 日与云南武定 N 村李某某（男，34 岁）访谈。

② 杨华：《农村婚姻挤压的类型及其生成机制》，《华中农业大学学报》（社会科学版）2019 年第 4 期。

③ 2018 年 2 月 3 日与云南武定 N 村徐某（女，33 岁）访谈。

须回村帮忙，否则，自己家老人过世将面临无人帮忙的困境。① 贵州 C 村几年前村民红白事办酒还是依赖村乡帮助磨豆腐，每家送蔬菜、鸡、米等。② 云贵山区交通闭塞，市场化服务缺位，因而社会化帮工体系发达。村民建房、办酒等缺乏提供服务的劳动力市场，无法以货币购买服务，只能倚赖帮工换工。帮工是劳动力的社区内交换，也可以减少货币开支，降低家庭经济负担。

但市场化服务对社会化帮工的替代导致了山区农村婚姻家庭礼俗弱化。近年来，云贵农村兴起在酒店办婚礼的风气，酒店办婚礼虽然松绑了村民劳动力交换的负担，但破坏了长期流传的婚姻礼俗，乡村讨亲、送亲、婚礼原本皆有复杂的仪式，以教育夫妻和睦、共建家庭，具有重要的社会规范展演性约束，而酒店办婚礼简化或丢弃传统礼俗，如云南 L 镇彝族、傈僳族传统哭嫁、转火塘和松树等婚礼活动就无法展开。因路途遥远，老人也无法参加。打工经济的兴起也弱化了白事风俗，山区农村仍实行土葬，需要 15～16 人抬棺，男性整体外出务工，帮忙抬棺的人也越来越难找了。近年劳动力经济化与货币化也消弭了建房帮工文化及活动。如 N 村村民李某某所说，"现在是没有钱吃不开，以前建老房子，木工和小工都是村寨人相帮的。以前同村人帮工半个月都不要钱，现在没有钱别人不来"③。

其次，市场使公共活动与集体行动分崩离析，弱化了风俗礼俗，消解了社区规范的约束力。公共活动传承和润养风俗，有利于增强社区动员和行动能力。云南 L 镇有以自然村为单位祭土地神、山神的习俗④，需要一个由全

---

① 佤族传统村规民约规定："在佤族村民眼中，任何一家的婚丧嫁娶都不是那一家的事，而是全村人社会生活中的大事。听到丧事的消息时，村民以及外寨的亲友便会带上米、盐、烟草、茶叶、钱等，前往丧事家庭，以互助的方式进行分工，帮助丧事家庭待人接物，办理丧事，直到整个丧事圆满完成。"黄珺主编《云南乡规民约大观》（下），云南美术出版社，2010，第 667 页。

② 2018 年 5 月 22 日与贵州石阡县 C 村邓某（女，30 岁）访谈。

③ 2017 年 7 月 16 日与云南武定县 N 村村民李某某（男，69 岁）访谈。

④ 在腊月二十四日同时进行集体祭拜土地神和山神的习俗，"一村一个头，一山一个神"，由毕摩主持，村民自发集资和组织。祭土地神时需要一个由全村男人一起参加才能抬得动的半吨重的大香炉，经毕摩诵经后，村民依次点香磕头并敬酒。祭山神以一棵古树为代表，古树历经百年代表坚竖，因而可以作为山神的化身。集体祭土地和山神需要办三天酒席，因此不能年年都办。

村男人一起参加才能抬得动的半吨重的大香炉，酒席也要办三天，因而具有高度的动员性。云贵山区许多农村有民族节日，是全体村民的"狂欢节"。祭土地神、山神和民族节日等公共活动，寄托了保佑六畜生旺、风调雨顺、身体健康的美好寓意，培育了社区认同感、归属感和公共精神。集体合作建设乡村公益事业是社区整合的机制，能自发产生村规民约，如云南 L 镇保留着每年 3~4 次的修沟打坝、清沟通渠的集体出义务工传统，以保春灌春耕，并且制定村规民约规定，不出义务工的村民需要以当地小工的报酬给付村组。村民外出务工带来的村庄空心化，以及经济理性对公共活动意义的消减，使公共活动越来越难以组织，销蚀了风俗和秩序的培育载体和价值支撑。

社区整合的效能是增强社区凝聚力，使社区成为能生产内生秩序、具有规范约束的地域行动实体。社区整合是对社区组织能力的激活，使公共规范能够在社区内联动和实施，也能产生调解纠纷、执掌规范的民间权威，形成规制越轨行为的舆论、道德压力体系。

四　家庭秩序重塑的家事法回应与实践

时至今日，家庭依然是中国社会的基本构成，面对社会转型，构建"保卫家庭"、维系家庭秩序的新机制是当下家庭制度建设的重要使命。宏观上，家庭在全球化背景下和大国崛起的使命下仍具有提升国家竞争力和维护国家安全稳定的战略功能，健康的家庭文化和秩序能够促进工业化发展。[1] 中观上，家庭具有承担养老扶弱和抚育幼小的责任，其古老制度原初的保障功能在市场经济下仍然具有顽强的生命力，家庭依然是社会继替和发展的根本。微观上，家庭是供养人们精神生活、情感生活和孕育伦理的母体，是培育社会道德、形成善良风俗的温床，是中国作为文化实体向前绵延的根基。

---

[1]　孟宪范：《家庭：百年来的三次冲击及我们的选择》，《清华大学学报》（哲学社会科学版）2008 年第 3 期。

（一）法律调整的替代性

家庭总是随着时代发展而变化，亦是现代和传统交锋的场域，维护家庭的机制也要应时而变。如涂尔干所说，家庭秩序传统上是靠社会整合的"压制法"来维护的①，如有"忤慢长者，罚在宗祠侍奉香灯，或跪香"②、"沉溺于赌博者重责三十"③、通奸者游街示众④等"惩罚性压制"，也有对男性第三者施以血债暴力或赔偿金的"报复性压制"⑤。传统社会整合发生于高强度和连续性的社会关系中，主体间在频繁紧密的互动中塑造共同意向系统，形成具有集体契约性的内生家庭秩序。但市场经济推行的个体化、利己化、唯利化和意志自由等原则将乡村社会中凝聚态的"环节组织"⑥ 击碎为城市打工市场中离散的独立个体，肢解了社会整合体系。不过，家庭秩序的维护机制始终具有"二元性"，一是社会组织力和整合力，二是国家法律制度建设。在社会整合衰微之时，国家法律应跟进对家庭秩序的维护。

家庭是社会的基本组织，也是国家法律和社会管理的单位。在传统家国同构、家国一体结构下，家庭并非私人领域而是公共政事，国家与社会对接的媒介是家庭也非个人。⑦ 因而，家庭就成为国家法律的视野中心，家庭关系、家庭行为被政治化和刑法化⑧，家在作为私法意义上的存在的同时，还

---

① 〔法〕埃米尔·涂尔干：《社会分工论》，渠敬东译，生活·读书·新知三联书店，2017，第 39 页。
② "（江川县前卫镇上邑村）李氏族规"，载黄珺主编《云南乡规民约大观》（上），云南美术出版社，2010，第 73 页。
③ "（易门县）浦贝杨姓家庙戒赌碑记"，载黄珺主编《云南乡规民约大观》（上），云南美术出版社，2010，第 62 页。
④ "（江川县前卫镇上邑村）李氏族规"，载黄珺主编《云南乡规民约大观》（上），云南美术出版社，2010，第 73 页。
⑤ 费孝通：《乡土中国》，载《费孝通全集》（第六卷），内蒙古人民出版社，2009，第 156 页。
⑥ 〔法〕埃米尔·涂尔干：《社会分工论》，渠敬东译，生活·读书·新知三联书店，2017，第 257 页。
⑦ 张中秋：《传统中国国家观新探——兼及对当代中国政治法律的意义》，《法学》2014 年第 5 期。
⑧ 沈玮玮、赵晓耕：《家国视野下的唐律亲亲原则与当代刑法——从虐待罪切入》，《当代法学》2011 年第 3 期。

是公法意义上的存在,① 越轨的行为不仅会受到家族社区的惩罚,也要面临"禀官究治"、送官府究治②等刑事处罚。近代以来,国家法律与家庭的关系也发生了新的转向,个人替代了家庭成为法律的主体,法律对家庭的规定也以个人的意志及行动自由为前提和中心。这就导致了家庭在法律层面被拆解为个体,暗合了市场经济下个体主义的社会结构。

即使是进入个体化社会,即使法律不可逆转地以个人为主体单位,法律也必然是维护现代家庭秩序的主要机制。

首先,法律是国家制定的,但其合法性来源和实施权威具有很强的社会性。外出打工以后,村民就脱离传统家庭和社区组织并卷入社会化分工下的复杂社会的多组织系统。换言之,尽管市场经济的主体是个体化的,但仍依附和归属于社会体系。法律隐含着社会规制的力量,社会"时刻准备介入契约并为契约本身赢得尊重","即便婚姻是当事人双方的契约,也必须遵从社会规范"。③ 因为,"凡是契约存在的地方,都必须服从一种支配力量,这种力量只属于社会,绝不属于个人:它越来越变得强大而又繁杂"④。家庭的成立不仅是夫妻感情的结合,而且是各种复杂社会联系的建立。⑤ 家庭是私人的生活领域,也是社会治理的公共领域。

其次,法律机构是在社会化分工背景下调整个体关系、规制个体行为的正式组织。传统社会处于凝聚态,个体与集体发生关联,因而维持秩序的机制也是集体的和民间的,空间位置和时间位置都在为人与人的相互制约规制创造条件。而个体化社会因为处于涣散状态,人与人之间以物或契约为媒介发生关系,就需要一个正式的专门机构负责组织社会的运转。传统社会是集

① 〔日〕滋贺秀三:《中国家族法原理》,张建国、李力译,商务印书馆,2013,第 57 页。

② "(剑川县)新仁里乡规牌",载黄珺主编《云南乡规民约大观》(上),云南美术出版社,2010,第 155 页。

③ 〔法〕埃米尔·涂尔干:《社会分工论》,渠敬东译,生活·读书·新知三联书店,2017,第 76 页。

④ 〔法〕埃米尔·涂尔干:《社会分工论》,渠敬东译,生活·读书·新知三联书店,2017,第 169 页。

⑤ 费孝通:《生育制度》,载《费孝通全集》(第四卷),内蒙古人民出版社,2009,第 241 页。

体系，个体化社会是职能系统，而职能系统中"个人之所以依赖社会，是因为它依赖于构成社会的各个部分"①。这就要由国家来设置各种各样的机构来促进家庭运转，如民政部门管理结婚、离婚，司法部门调解家庭纠纷，社会保障部门管理家庭救济等，亦即家庭的运转及秩序依赖于国家法律和政府机构。

（二）法律调整的侧重向度

家庭是共同维持家计的生活共同体。② 家庭具有功能性、情感性和价值性。男女通过生育抚育分工和经济分工合力建设家庭。婚姻是社会结构中的基本三角，"夫妇不只是男女间的两性关系，而且是共同向儿女负责的合作关系"③。家庭是同居共财的单位，夫妻以劳动分工促进家庭经济发展，"男耕女织""男主外女主内"等皆为家庭经济合作的体现。王同惠、费孝通发现广西花蓝瑶的情人制度具有维护家庭经济的功能，社区"给予情人关系一定存在的空间，减少家庭破裂，维系家庭稳定性和经济合作，使社区中经济能力弱的男性得以获得家庭保障"④。家庭是两性相爱的亲密情感单位，是长久爱情关系的建立。婚姻自由原则的实行，更强化了家庭的情感结合性。家庭还具有安身立命的伦理性，传统中国家庭承载了延续香火、传宗接代、光宗耀祖等价值规范，是伦理性组织。当代家庭依然蕴含世代绵延的意义感，完成人生任务和"过日子"是中国农民安放人心的文化任务。⑤

家庭不仅是指夫妻关系，还体现为亲属构成的团体。中国家庭长期以来是嵌入"家族"实体之中的。古代罗马法中，家庭制度实际上是亲属制度。

---

① 〔法〕埃米尔·涂尔干：《社会分工论》，渠敬东译，生活·读书·新知三联书店，2017，第 89~90 页。
② 〔日〕滋贺秀三：《中国家族法原理》，张建国、李力译，商务印书馆，2013，第 59 页。
③ 费孝通：《生育制度》，载《费孝通全集》（第四卷），内蒙古人民出版社，2009，第 267 页。
④ 王同惠、费孝通：《花蓝瑶社会组织》，载《费孝通全集》（第一卷），内蒙古人民出版社，2009，第 384 页。
⑤ 贺雪峰：《农村家庭代际关系的变迁——从"操心"说起》，《古今农业》2007 年第 4 期。

恩格斯认为，"父亲、子女、兄弟、姊妹等称谓，并不是简单的荣誉称号，而是一种负有完全确定的、异常郑重的相互义务的称呼，这些义务的总和便构成这些民族的社会制度的实质部分"①。在广西、福建、广东等宗族地区农村，至今仍常见已婚兄弟同居共财的联合家庭形式。家庭内交织着代际、兄弟间的亲属权利义务关系。

家庭既包含人的结合亦包含物的组合，是情感、生育抚育、经济合作和人生意义的综合体。家庭的发展是由诸多亲属力量协力托举和支持的，因而是一个包含亲属关系的横纵交错的团体。家事法律在调整家庭关系时应侧重于以下价值和内容取向。

首先，家事法律应侧重于综合性关系而非财产契约关系的立法取向。当下我国婚姻法不断强化婚姻关系的财产契约关系设定，消磨了家庭的人身性和伦理性。如有的学者认为，婚姻法是调整夫妻内部两人的财产关系，而物权法、合同法等财产法是调整所有人的财产关系，婚姻法应依赖债权手段去调整夫妻财产关系。② 这种观点的问题在于，认为财产关系是夫妻关系的核心，并将夫妻财产关系等同于债权关系。

从家事法发展来看，民国以前的家事法，都是以人身关系支配财产关系，《大清民律草案·亲属编》也是以人身关系为主导的。国民政府《民法·亲属编》增设了夫妻财产制的内容，成为一部兼重人身关系和财产关系的法律，但财产关系仍受身份的制约。1950 年《中华人民共和国婚姻法》虽然废除了传统身份制度，但也将家庭关系定性为共同生活的伴侣关系，规定"夫妻有互爱互敬、互相帮助、互相扶养、和睦团结、劳动生产、抚育子女，为家庭幸福和新社会建设而努力奋斗的义务"，对财产关系的规定极为简单，"对于家庭财产有平等的所有权与处理权"，是一部具有浓厚的社会主义色彩的婚姻家庭法。改革开放后，财产关系成为婚姻立法中心，并主

---

① 恩格斯：《家庭、私有制和国家的起源》，载《马克思恩格斯选集》（第四卷），人民出版社，1972，第 24 页。

② 贺剑：《论婚姻法回归民法的基本思路——以法定夫妻财产制为重点》，《中外法学》2014年第 6 期。

导家事立法内容，人身关系的规定则不断淡化，其问题就是婚姻关系越来越变为经济契约关系。最高人民法院三次出台的《〈婚姻法〉司法解释》中，罕见人身关系的规定，而财产关系却不断增多，婚姻关系越来越实现由身份到契约的转变。婚姻的财产契约关系在离婚时体现得最为明显，离婚变成了夫妻财产分割行为，而以破裂原则代替过错原则①或对过错原则进行严格限定②的主张更是消解了婚姻中的伦理和情感因素。

家事立法的财产契约法倾向过于凸显家庭的经济功能性而忽略了家庭作为生活单位的情感性、伦理性，尤其不利于对有瓦解趋向的云贵山区农村家庭的保护。云贵山区农村家庭中的土地、房屋财产很少，女性参与社会化分工以后实现了经济独立，"男主外女主内"的劳动分工被打破，家庭经济功能折翼。家事法对财产契约关系的侧重使婚姻的抚育功能和社会伦理性被边缘化，无法在财产关系之外调整婚姻家庭关系。家事法对人身关系和生活共同体关系的强化有利于增进家庭团结和整合，因为人身关系的处理与财产关系诉讼在裁判理念和方法上并不相同，③ 如身份诉讼在诉讼中更适合干预主义，很多国家为此都建构了不同于普通民事诉讼程序的人事诉讼程序和家事诉讼程序。在德国，离婚案件、撤销婚姻案件、宣告婚姻无效案件、同居案件等都包括在家庭案件中，属于人事诉讼的范围。④

其次，家事法律应侧重于"家庭主义"而非"个人主义"的立法取向。家事法个人主义立法取向体现对婚姻家庭关系设定的"私权化"和"情感化"，推崇婚姻中的个体化、情感自由主义。受苏联家事法和社会主义理论的影响，新中国成立之初的家事法遵循"家庭主义"的原则。"在苏联，婚姻与家庭立法的指导思想，就是巩固家庭。"⑤ 因而 1950 年《婚姻法》在确立解放个人、婚姻自由原则的同时，认为巩固家庭是"社会利益"和"集

---

① 马忆南：《婚姻法修改中几个争议问题的探讨》，《中国法学》2001 年第 1 期。
② 王利明：《婚姻法修改中的若干问题》，《法学》2001 年第 3 期。
③ 沈志先主编《婚姻家庭案件审判精要》，法律出版社，2013，第 7 页。
④ 沈志先主编《婚姻家庭案件审判精要》，法律出版社，2013，第 7 页。
⑤ 〔俄〕斯维尔德洛夫：《苏维埃婚姻与家庭的立法原则》，李士楷译，人民出版社，1953，第 1 页。

体利益"的要求，是"个人利益"和"社会利益"的双重满足和结合。①近年来的婚姻法修订和司法解释逐渐放弃了早期的"家庭主义"原则，而以个人主义为原则。

家事法的私权化是指以个人财产制替代家产制。② 1950 年《婚姻法》未对婚前和婚后财产进行区分，婚前和婚后的财产都是共同财产。2001 年修改的《婚姻法》新规定了个人财产，细化了约定财产，并废除了 1993 年最高人民法院《关于人民法院审理离婚案件处理财产分割问题的若干意见》中的共同财产转化，即"一方婚前个人所有的财产，婚后由双方共同使用、经营、管理的，房屋和其他价值较大的生产资料经过 8 年，贵重的生活资料经过 4 年，可视为夫妻共同财产"的规定，强化了个人财产制。对夫妻共同财产的弱化还体现在财产受赠和继承上，以代际财产关系制约夫妻财产关系，③ 及在离婚财产分割时设定分别财产的劳务补偿规定，即以家务补偿替代共同伴侣关系，对家务劳动者的付出采用经济补偿方式。市场经济下的交易安全、个人产权原则也全面渗透婚姻法及司法解释，如《〈婚姻法〉解释（三）》规定夫妻一方个人财产在婚后产生的收益，孳息和自然增值归个人所有，婚姻法成了投资促进法。④ 而有学者克服夫妻财产共有弊端的"非常财产制"主张，即"赋权于婚姻当事人双方，依法解除原法定财产制类型，以保护个人财产权益不受到夫妻财产关系出现巨大变化时的损害"，也体现了对个人财产制的突出。⑤

家事法的个人主义倾向亦体现为对情感自由的绝对释放。传统上，婚姻并非罗曼蒂克的结合，婚姻的建立意味着相互扶持、养老育幼责任的担负。亲属间有温暖的责任感和紧密联系，会为了更高的家庭利益而压抑个

---

① 陈绍禹：《关于中华人民共和国婚姻法起草经过和起草理由的报告》，载刘素萍主编《婚姻法学参考资料》，中国人民大学出版社，1989，第 45～87 页。

② 林辉煌：《家产制与中国家庭法律的社会适应——一种"实践的法律分析"》，《法制与社会发展》2012 年第 4 期。

③ 《婚姻法》第十八条第（三）项，《〈婚姻法〉解释（三）》第七条第一款。

④ 赵晓力：《中国家庭资本主义化的号角》，《文化纵横》2011 年第 1 期。

⑤ 薛宁兰：《法定夫妻财产制立法模式与类型选择》，《法学杂志》2005 年第 1 期。

人情感。① 阎云翔发现，在市场经济的冲击下，传统农村家庭迅速向个体化家庭过渡，生产出以个人情感、欲望、消费为核心的利己主义的个人组成的家庭。② 夫妻的亲密情感决定了家庭黏合关系，潘光旦认为，以浪漫情感生活为要求组织的家庭，必然坚信个人主义的哲学，③ 因此家庭生活中难以制约个人的欲望、消费和私利。追求情感，以夫妻情感而不是伦理、宗法来组织家庭，是现代家庭的重要变革。但个人情感体验变成了家庭关系的主导，家庭的合作退而求其次，就会极大地冲击家庭稳定性。如少数山区农村的妇女"跑婚"就是以"情感破裂"为托词，其背后实质是城市化的消费欲望和拜金主义对家庭责任的消解。

（三）法律调整的输送路径

长期以来，国家法律在调整山区农村婚姻家庭关系上呈现"身体不在场"特点。如在云南农村家庭暴力仍较为常见，由于家族、村寨对家庭暴力干预的退出和国家公共干预的缺位，很容易导致女方"跑婚"和家庭破裂。法律调整婚姻家庭秩序要通过形塑"主体媒介"和"规范媒介"的输送，宏观上应促动公共干预下沉和加强基层组织建设，微观上应加强乡村移风易俗和维风导俗。

婚姻法的实践适用是以个案形式调整婚姻家庭关系的，从整体上形塑婚姻家庭秩序需要强化公共机构和基层组织的干预，塑造"主体媒介"。个体化社会中，人与人之间的关系无法由集体直接整合，需要通过以专门法律机构为中介来调整。正如罗斯科·庞德所说，"作为社会控制的一种高度专门形式的法律秩序，是建筑在政治组织社会的权力或强力之上的"④。法律机构调整婚姻家庭关系具有"消极运行"的特点，民政、妇联、老龄委等行

---

① 唐灿：《家庭现代化理论及其发展的回顾与评述》，《社会学研究》2010 年第 3 期。
② 〔美〕阎云翔：《私人生活的变革——一个中国村庄里的爱情家庭与亲密关系（1949～1999）》，龚小夏译，上海书店出版社，2006，第 243 页。
③ 潘乃穆、潘乃和编《潘光旦文集》（第一卷），北京大学出版社，1993，第 142 页。
④ 〔美〕罗斯科·庞德：《通过法律的社会控制》，沈宗灵译，商务印书馆，2010，第 29 页。

政机关更多的是登记管理机关或对某类群体权益的政策保障，而不直接介入婚姻家庭关系；司法机关实行"不告不理"，只对诉请的家庭纠纷予以干预。法院是个案式、利益化调解家庭纠纷，对离婚更多的是作财产分割决定，因而无法从整体上形塑婚姻家庭秩序，也缺乏伦理和文化的塑造。

随着国家法律在重整乡村婚姻家庭秩序中作用的凸显，就需要在国家机构和乡村社会之间建立"媒介"机构。村级组织就成为国家法律进入乡村的优选"媒介"。村级组织是构造乡村治理秩序的主体。村级组织兼具公共性和民间性，一方面，它与家族、寨组具有一体化、交叉化关系，是对传统社区整合的吸收、转化和延续；另一方面，它又是乡镇政府指导的，是国家权力在乡村运行的"腿"和国家治理在乡村的延伸，在遵法、释法、用法上也强于传统社区组织。

法律对婚姻家庭关系的调整还是理性化的规范调整，通过村规民约的"规范媒介"作用，可以促进乡村移风易俗和家庭风俗秩序建设。法律是统一、抽象的规则体系，缺乏区域差异的视野和对风俗习惯的涵纳。村规民约的成文规范特点与国家法律相亲和，其又是对山区风俗习惯的承继和表达，因而成为乡村法治与德治的交接点。一种社会规范是否被纳入国家法治体系的范畴并不取决于其内容上的"传统"抑或"现代"，而是取决于其权威是否来源国家化、规则体系理性化。村规民约是村民自主制定和实施的规范体系，在政府指导下予以修订完善，既得到国家法律的认可，也具备形式逻辑合法性，具有"准法律"属性。就基层法治而言，村规民约逐渐成为国家法律的有效补充。云贵山区农村依约而治的传统深厚，通过将习俗理性化制定为成文规范并接受国家法的引导，更让村规民约成为云贵山区乡村法治现代化的契合形式。村规民约在塑造家庭秩序方面，既要吸纳国家法的规定，如规定尊老爱幼、夫妻义务、禁止虐待和抚育赡养责任等，也要吸收传统风俗，加强移风易俗改革，引导家庭和谐、扶老携幼和发展现代家庭关系。

社会治理

信访避责行为：发生机制与防范策略

——基于 H 省 X 县信访局的实地调查

赵亚鑫　刘明玉　赵志鹏*

摘　要：本文将信访场域作为一种政治系统的微观观察对象，关注信访工作人员的日常行为运作。以环境压力为导向，洞察信访工作人员行为的避责新动向，解释信访官员避责的环境压力及其行为选择逻辑。本文认为，信访避责行为是嵌入现阶段特定制度、结构因素中，信访工作人员在环境压力下衍生的行为选择，需要通过完善内外部约束手段、加强舆论引导，坚持严管和厚爱结合、激励与约束并重等措施防范信访避责行为。

关键词：信访工作　环境压力　避责行为

避责是官员逃避担责的重要表现行为，背后有着深刻的环境压力根源。政治系统内部机制、权责配置等环境压力与非系统的组织文化、公众舆论等环境压力，共同作用于政府官员的行为选择，使官员行为不断被重塑。本文将信访场域作为一种政治系统的微观模式，将信访实践中现实存在的环境压力作为反控制要求的不可控因素，通过"输入—转换—输出"的分析框架来解释信访官员避责的外在环境压力与内在行为逻辑。同时，在对避责行为认识的基础上，为实践中防范或减少避责行为提供可行的对策建议。

---

* 赵亚鑫，内蒙古林西县委党校讲师；刘明玉，内蒙古林西县委党校副校长；赵志鹏，内蒙古林西县委党校讲师。

一　已有研究和本文框架

（一）避责行为研究

避责行为研究起源于 20 世纪 80 年代，制度学派学者肯特·韦弗（R. Kent Weaver）是避责行为的最早研究者。以其 1986 年公开发表 "The Politics of Blame Avoidance" 一文为标志，推动了对避责问题的讨论，并且逐渐引发学术界的研究热潮。韦弗基于对政府自律性和消极偏向的观察，对避责行为进行研究，成为避责问题的研究始源。政府自律性方面是指政策制定者加大了对其自由裁量权的控制，消极偏向方面是指公众对负面性质的事件的心理感知比对正面性质的事件更为明显。韦弗认为，这两种现象暗示了政府自身的行为及其面临的环境发生了重大变化，关注政治生活中的官员避责行为，一定程度上也成为避责行为的产生根源。① 克里斯多夫·胡德（Christopher Hood）开启了避责研究的第二个阶段，这一阶段研究者展开了多领域研究，实现了避责行为的研究由微观到宏观、由分散到系统的转变，研究重心也从现象解释型上升到理论建构型。胡德提出两个值得注意的问题：一是收入引致型财政挤压政治，二是避责逻辑在个别案例中导致财政挤压政治痛苦决策。他采用财政挤压分类法和财政挤压强度定性评价来解答选民对实施财政挤压的政府为何会变化无常的问题，认为避责行为是一个博弈过程，政府官员根据舆论程度选择避责策略。②

国内理论界关于避责问题的研究成果较少，与国外学者的看法有诸多共性。倪星、王锐以乌尔里希·贝克（Ulrich Beck）的 "风险社会" 为考量，从规避风险的角度探讨官员避责，认为风险视阈下的避责表现为风险

---

① R. K. Weaver, "The Politics of Blame Avoidance," *Journal of Public Policy*, Vol. 6, No. 4, 1986.

② C. Hood, W. Jennings and P. Copeland, "Blame Avoidance in Comparative Perspective: Reactivity, Staged Retreat and Efficacy," *Public Administration*, Vol. 94, No. 2, 2016, pp. 542 – 562.

排斥策略，即官员个人通过组织结构或工作职能分配将其分散甚至模糊责任，进而达到无问责风险的目的。① 张力伟以组织社会学的宏观框架，根据组织行为的一般逻辑，研究各部门之间事先明确划分责任界限，各做各事，自行担责，通过"分锅"来掩盖避责的事实，并结合共谋与避责的产生因素来具体分析基层政府行为转变的原因。② 谷志军从问责和避责相互辩证存在的角度进行研究，将二者之间的关系看作互相博弈的策略者之间的一种互动模式，比喻为"猫捉老鼠"的游戏。③ 陶鹏从风险政治化视角指出，传统非政治事务被政治化，政府官员基于维护自我利益的逻辑，存在规避咎责行为的倾向，并且加剧了避责策略的应用，认为避责是解释政治—行政系统面对负面事件时行为逻辑的重要维度。④ 还有部分学者将避责置于其他特定领域研究，例如文宏从突发事件管理中研究地方政府规避责任的行为分析，认为合理激励机制的缺失也导致地方政府逃避工作。⑤

国内外对于避责的多学科、多领域研究，体现出国内外学者对避责问题的时代关切与问题意识，对避责的影响因素和效应探究进行了宏观层面的理论建构及对策研究，提升了避责研究的理论深度与实践指向。但上述研究主要聚焦避责方式，缺乏对存在问题针对性的分析。此外，现有研究以规范研究为主，实证研究较少。从既有避责问题的若干理论研究来看，多基于经济、问责、舆论的层面来探讨避责产生的根源，对环境因素鲜有系统讨论，但环境对避责行为的形塑确实是不容忽视的一大因素。本文选择信访场域作为观察对象，依靠信访工作人员对信访工作的阐释，分析和探讨信访避责的内在生成逻辑。

---

① 倪星、王锐：《权责分立与基层避责：一种理论解释》，《中国社会科学》2018 年第 5 期。

② 张力伟：《从共谋应对到"分锅"避责：基层政府行为新动向——基于一项环境治理的案例研究》，《内蒙古社会科学》2018 年第 5 期。

③ 谷志军：《问责政治的逻辑：在问责与避责之间》，《思想战线》2018 年第 6 期。

④ 陶鹏：《迟滞、分化及泛化：避责政治与风险规制体制形塑》，《云南社会科学》2016 年第 6 期。

⑤ 文宏：《突发事件管理中地方政府规避责任行为分析及对策》，《政治学研究》2013 年第 6 期。

（二）信访避责的分析框架

政治系统理论是当代著名政治学家戴维·伊斯顿（David Easton）创立的政治和公共决策分析理论。伊斯顿按照动力学的术语进行分析，把政治过程阐释为持续不断且相互关联的一连串行为，形成系统的流程，并建构了动力反应模式。政治系统理论认为，公共政策过程就是一种"输入—转换—输出"的系统过程，为我们探求公共政策的形成过程提供了强大的学理支撑，提醒我们注意环境与公共政策的相互作用。

本文在把握政治系统理论的基础上，对"输入—转换—输出"政治过程的反应模式进行调适，将信访场域作为一种政治系统的微观观察模型，通过"输入—转换—输出"的分析框架来解释信访官员避责的环境压力及其行为选择逻辑。一方面，不同环境压力的输入是厘清避责行为内在选择与行为逻辑的切入口，因为组织的制度性环境压力的输入会影响具体行政行为；另一方面，环境压力也会塑造一定行为的产生，行政组织在环境压力的作用下，行为转换机制更加直观地塑造并解释着避责行为的内在选择逻辑。同时，本研究将行政工作人员的政治心理和风险评估考量作为行为输出的传导中介纳入分析框架中，更深层面触及驱动避责行为的核心机制（见图 1）。

1. 环境压力的输入

任何行政行为的输入与输出都离不开环境或正向或负向的影响，环境的影响效应体现为体制、规范、组织文化、价值等因素，其中，最为显著的环境影响因素是刚性制度。[①] 行政系统的内部规范作为一种严格的制度规则安排，通过明确的文本规范有效制约和调节行政行为，以"要求—服从"的方式渗透行政系统管理的方方面面，同时施以奖惩分明的考核评价制度，稳定地化解行政系统内部、外部环境压力所带来的冲击。规范行为要求的预设类型主要包含四个方面要求：机制要求、权责配置、部门边界、动态演变。第一，有法必依，规范与行为二者的机制要求必须协调一致，行政系统的行

---

① 王郅强、刘子炀：《权力、制度与环境：信访腐败形成的内在机理》，《学海》2016 年第 5 期。

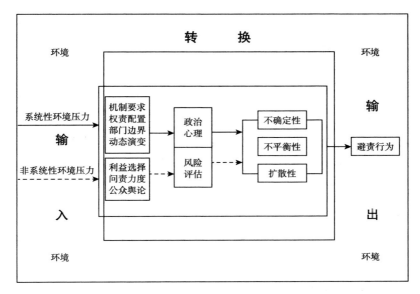

图1　避责行为的理论分析框架

为规范目标清晰定位。第二，行为与规范的权责配置一致，行政系统内部组织结构完整，权力与责任的划分与承担相互协调，有权部门具有高度的统领、协作与执行的能力。第三，行为与规范边界划分明确，规范明确规定行为。第四，行为与规范实效运行的动态演变同步进行，在变动的为外部环境下，行为严格操守制度文本规定，部门与个体行为不受制度与执行空隙的非常规规避，仍与规范高度对应。

2. 转换是环境压力输入演变到避责行为输出的中间环节

转换环节的发生受到多重因素的影响，最重要的影响是问责风险的存在与无限扩大。从当前行政系统的运行机制上讲，行为转换的来源可以分为系统性环境压力与非系统性环境压力。系统性环境压力是指行政系统内部在制度、规则实行过程中，出现由现实情境无法调和或难以控制的情形所造成的整体性压力，主要是由制度不完备和机制调适不协调的宏观环境带来的冲击与挑战；非系统性环境压力是指行政部门或个体由于微观环境因素的影响，受到组织内部"文化"与"行为习惯"的同质化，屈于不同压力或利责考量而出现的效应影响环境，这种环境压力主要来源于微观因素的影响，常见于日常行政管理和执行过程中。

3. 避责行为是环境压力和行为转换的应然结果

行政部门与环境相互作用，在风险与担责的环境压力下，行政部门或个体的行为开始出现转换，通过"输入—转换—输出"的基本反应形式，在常规输入情境中，依从民众与政治的双向需求和支持两种输入类型开展行政工作。在工作开展过程中，行政部门或官员在利益与风险的谨慎权衡下，紧靠程序性规定行事，以"不出事"为工作底线，宁愿不作为也要避免乱作为。这种行为逻辑伴随着反腐和作风建设力度的持续加大，一些行政部门或个体逐渐出现"为官不为"现象，并表现为从"选择性不作为"转变到"避责性不作为"。

环境输入分析框架中的规范行为是政治系统理论分析的预设理想类型，但本文中的研究重点是环境输入在理想类型与现实情境之间的差距，即在行政部门现实决策与执行过程中，环境压力与行为选择在政治系统的转换中出现分散和不匹配，进而在实际行为选择过程中表现出的避责行为。整体来看，通过一般政治系统理论的分析框架，选择信访单位作为微观视口，明晰行政部门在反控制要求的不可控因素下，环境压力与行为转换的互动关系，来解释日益增多的避责行为。同时，以环境压力为分析背景，以行为作为桥梁，分析二者之间的动态演变，有助于剖析避责行为演变的进阶过程，进而回答避责是如何在环境压力下进行转换和选择，并且出现集聚和传导现象的。

二   信访避责行为的输入机制分析

（一）系统性环境压力输入机制

从当前信访工作的现实情况来看，其权责出现分离，尤其是基层信访单位，官员行为选择与行为规范相互分离，而且问责压力不断下移，导致信访过程中出现各种困境。这种困境主要是由信访部门的法律、制度不完备以及机制不协调的宏观环境带来的冲击，尤其是由行政系统内部的环境挑战造成的，可称为系统性环境压力。

1. 机制要求

当前，信访属地管理原则在《信访条例》中有明文规定。从规范性制度文本层面来看，"属地管理，分级负责"的实际用意是明确信访事项原则上由事发地政府和信访单位就地解决，赋予其在一定的区域、范围内行使权力的制度安排。① 该原则下的"谁主管，谁负责""依法、及时、就地解决问题与疏导教育相结合"是对其的细化与补充，目的在于具体限定信访事项，强调制度与相关规范的遵守与适用，以及有为处理等。然而，在"层级治理"与"行政发包"惯性的国家治理中，中央到地方的制度、规则、政策的传导从上到下严依目标导向表现出一种"发包"关系，同时与这种关系并行的是自上而下的控制。② 上级部门以目标为导向，经常通过"一把手工程""帽子工程"对下级部门进行干预，导致下级部门经常借助于部门联动的方式，集合多部门以达到短期的绩效目标，而在这一过程中，出现问题时，推诿扯皮、推卸责任是惯用的避责方式。③ 因此，信访部门行为规范的目标定位缺失，行政行为难以准确定位到行为部门和行为主体，出现行政行为与法律规范的协同缺失，避责正是在二者的错位下进一步演化的行为。

2. 权责配置

规范作为国家治理工具，通过对其的各种设立，不断协调和约束各部门及其职能，有序形塑着信访行为。但在现实情境中，国家各部门机构的规范在"条块关系"中相抵牾，众多规范交错模糊，不同机构与职位对行为和权力的划分存在边界模糊。从规范的性质来看，可以分为正式规范和非正式规范。正式规范是指那些具有正当合法性，通过正式命令发布的各种指令，具有普遍适用性和普遍约束力，比如正式的法律法规等。非正式规范是指系

---

① 金国华、杨啸天：《信访制度改革研究》，法律出版社，2007。
② 郑永君：《属地责任制下的谋利型上访：生成机制与治理逻辑》，《公共管理学报》2019年第4期。
③ 谷志军：《问责政治的逻辑：在问责与避责之间》，《思想战线》2018年第6期。

统内长久以来逐步形成的，不具备明确合法性，但却被广泛认可的行为准则，比如价值理念、习惯等。正式规范是规定权力与行为的基础和标准，但并不意味着它对组织达到绝对的控制。① 在它之外，大量非正式因素在权力配置与行为选择过程中存在，其根源在于制度与环境之间存在着模糊、空白地带，规范之间相互冲突。在治理实践中，正式规范是基准，在问责中坚持正式规范至上的原则，不免出现责不副实的追责，造成由担心问责引起避责行为的选择性表征。② 在一定程度上，权力、行为与问责的可选择性都为信访工作埋下了避责隐患。

3. 部门边界

边界问题主要表现在权责与部门的边界划分。当前随着"放管服"改革的推进，简政放权在实践中得到充分彰显，但落实到基层出现了"事权下移、实权上移"的现实问题。在信访工作中，突出体现在有限执法权和裁量权上。这种过度压缩权力，导致行为的弹性空间越来越小，执行力无灵活性可言，极度打压了信访工作的积极性。同时，由于当前信访矛盾的复杂性，垂直管理和属地管理出现矛盾，实际打破了"谁主管、谁负责"的问责逻辑，扩大了基层信访部门的责任边界，往往承接了上级部门以属地管理名义下移的责任。③ 另外，在部门设置上，信访问题的解决牵涉诸多部门间的沟通与调解。根据规定，信访部门的执行权极其有限，且履行类似职能的机构和部门很多，相互之间缺乏沟通，造成信访机构庞大而分散，常常出现对同一案件的多重受理或者相互推诿的现象。在这种部门边界划分不明确、职责重构的情况下，面对复杂或有潜在担责风险的事件时，各部门之间往往采取责任共担的策略以分散责任，从而"大责任化小，小责任化了"进行避责。

4. 动态演变

行为与规范的动态演变应同步进行，但在变动的内外部环境下，部门与

---

① 〔法〕米歇尔·福柯：《规训与惩罚：监狱的诞生》，刘北成、杨远婴译，生活·读书·新知三联书店，2003，第 142 页。
② 陶鹏：《迟滞、分化及泛化：避责政治与风险规制体制形塑》，《云南社会科学》2016 年第 6 期。
③ 杨小军：《信访法治化改革与完善研究》，《中国法学》2013 年第 10 期。

个体行为也是不断变化的，并不为制度控制。当面临问责时，个体常利用制度缝隙或模糊地带，采取非常规策略规避问责，躲避正面规范的制约。① 基于当前反腐的高压态势，出现了制度紧缩的趋势，行政过程和行政行为逐渐向正式化、规范化制度回归。在这种趋势下，只注重非正式规范向严格规定的正式规范转换的结果，却忽视了当前政治发展的现实状况并不符合正式规范的可行条件，而且基层问题的处理完全适用正式规范，尚存在缺乏操作性的现实困境，同时在转换过程中出现较多缝隙，无法全面涵盖实际行政过程的方方面面，行政行为与正式规范的同步演变出现裂断，在非正式规范和转换中，也为消极不作为行政行为提供了规避缝隙。

（二）非系统性环境压力输入机制

一般情况下，做事越多出错的概率就越大，犯错的风险也越大，对这种担忧更多的行政部门倾向于遵循"不出事的逻辑"，而直接路径就是少做事或不做事。② 因此，避责正是在不同维度风险下做出的行为转化与选择，这种行为转化与选择基于问责压力和风险承担的不断强化，受到组织内部"文化"和"行为习惯"的同质化影响，组织内部的个人选择行为逐渐演化为集体行动行为，这种被排除在政治生态系统之外的行为影响因素，被称为非系统性环境压力。③

1. 工作人员的利益归属

当前，我国的绩效管理取得巨大成就，相继推行了"末位淘汰"、"一票否决"、"一把手工程"以及"目标责任制"等诸多创新制度，对行政工作具有非常强的导向性和操作性，在督察积极履职、提升行政效率等方面取得了显著成绩，深刻影响着行政行为的选择。但是，高压的绩效考核也会激

---

① 倪星、王锐：《权责分立与基层避责：一种理论解释》，《中国社会科学》2013 年第 5 期。

② 张力伟：《从共谋应对到"分锅"避责：基层政府行为新动向——基于一项环境治理的案例研究》，《内蒙古社会科学》2018 年第 5 期。

③ 盛明科、陈廷栋：《基层官员避责行为：逻辑·危害·治理——一种组织行为学的观点》，《吉首大学学报》（社会科学版）2019 年第 5 期。

发行政行为异化，带来负面效应。随着社会矛盾的日益凸显，信访的作用越来越受重视。同时也意味着信访部门承担的责任压力也逐渐扩大，尤其是伴随着社会政治、经济的快速发展，新的社会矛盾出现和群众利益诉求的更加多元化，人民群众的信访活动仍将呈常态化，信访部门随之承担的社会责任与工作压力不断扩张，并且逐渐扩展成为无限责任主体。因此，在面对风险和责任的双重压力下，基于"不出事的逻辑"，选择最安全的利益保障，信访官员的行为开始出现犹豫选择。

2. 上级问责力度

从现实经验来看，问责强度在一定程度上塑造着官员的政治行为。从行政系统内部的制度调整来看，当问责力度加大时，官员出于担责风险—利益计算，趋利避责是其最大成本的有利选择，他们会将规避风险作为最佳策略选择，在高强度的问责下，官员避责的可能性也会提高。信访作为直接调解人民群众各类矛盾的正面窗口，直面公众舆论的正面评价，工作的开展倍受压力。信访中的一件小事，处理稍有不慎便可能通过网络媒体的发酵，成为一个群体访甚至是性质恶劣的群体性事件，首先承担事发责任、被问责的便是工作人员。① 因此，基层信访官员担责的强化与负面事件信息传播的迅速，使得工作人员承受着巨大的问责压力，其行为选择在问责力度的强化下逐渐开始转化为避责。在面对任务艰巨的各项工作时，信访部门尤其是基层信访部门及其工作人员，当前重要的工作逻辑是，通过强有力的组织正式规定和机制，推进部门和个人主体责任落实。无论是对部门还是个人，当前存在的"一票否决"严格考核标准，实际上弱化了行政工作自我担当的责任意识，致使行政部门和个人逐渐倾向于消极作为。

3. 公众舆论压力

组织和个体均受到一定环境的影响，这种环境不仅包括内部制度环境，也包括外部公众的舆论环境。例如，在一些社会事件中，公众对负面事件的敏感性与积怨情绪更多地大于正面事件，受到这种消极偏向的不断影响，在

---

① 于建嵘：《信访的制度性缺失及其政治后果》，《凤凰周刊》2004 年第 32 期。

同样程度下负面事件对官员心理与行为的影响也更为强烈，一定程度上这也构成了避责行为的心理基础。随着网络媒体技术的发展，移动互联正在改变着当下信息流的传播路径，信息传播的速度越来越快，范围越来越广。然而，网络技术的广泛发展在带来信息共享大数据便利的同时，也对社会的稳定提出了挑战，网络舆情成为群众表达诉求的新渠道，个别群众通过互联网夸大甚至扭曲事实向党委、政府施压，以达到自己的目的。该渠道触及范围广、覆盖面大、传播速度快，给当前的信访维稳工作带来了新的挑战，使得公共舆论进一步迅速传播，而公共舆论往往对负面事件的传播更为激烈，更容易引起井喷式的关注和评价。信息时代的公众舆论被信访部门视为一种需要谨慎规避的对象，其内部的积极性严重受挫，行为的避责在公众舆论"唇枪舌战"的刺激下进一步得到强化。

三　信访避责行为的转换机制

行为与规范、权力与责任的配置结构和运行特征，构成了输入的环境压力对输出的避责行为的塑造，一定程度上起着形塑作用，而转换是联系二者之间的重要中介。信访部门避责行为的转换，本文主要基于以下两个方面内容进行阐述：一方面，行政人员趋向避责政治心理，尽可能减少失责机会来规避问责风险；另一方面，通过评估风险来适配自身所拥有的资源与能力。避责是行政人员在自保利益与担责评估的认识下，面对变化的环境压力所采取的调适性策略。

在关涉环境压力输入与避责行为输出相关性的研究中，政治心理是一项重要的分析参数。当前随着问责机制越来越突出对主体责任的强调，信访基层人员逐渐产生宁肯少干事、不干事，也尽量少出事的畏惧心理；同时存在少数"问题官员"出于对自身腐败行为的遮掩，产生担心被检举揭发的惶恐心理，从而选择避责策略。这种避责的政治心理主要是由权责配置失衡与担责风险认知两个要素构成的，是在权责配置不平衡的结构下担责风险认知不断强化的混合产物。这在本质上体现出行政系统内部的环境结构问题，也就是避责行为的选择往往是环境压力与担责风险二者之间的权衡。行政系统内部系统性环境压力在机制要求、权责配置、部门边界以及动态演变几个方面呈现出行为与规范相分离、权力与责任不平衡的状态与困境，行政人员无法有效抵御和化解系统内部的环境压力。在这种困境下，权责配置和担责风险重塑和改变了行政人员的政治心理，避责行为正是在不同畏惧或惶恐的心理状态下做出的行为选择。在行政系统内部环境压力逐渐聚集、爆发的情况下，同时为行政人员避责的政治心理提供了集聚和发展的有利"环境"，一定程度上成为非系统性环境压力产生的根源，为避责行为的选择与输出提供转换机理，使得避责呈现出由内而外的蔓延。

另外，在地方政府运作中，基层行政组织和工作人员可能有着两种身份：避责主体和避责对象。基层行政组织处于权力末端，权力层级的距离越远，避责行为的选择空间相对越大。因此，越到基层，行政部门及其成员的"担责"就会越多，那么基层人员避责的政治心理也会越强，避责现象就愈发明显。相应的，对于基层行政部门及其成员来说，担责事件的风险评估是他们面对事件的首先反应。担责风险评估主要包含了主观评估和客观评估两种模式。风险事件的发生及损害程度，难以运用标准有序的客观程序进行估计。因此，在面临担责风险不确定事件时，开启主观评估是自我保护机制的一种主要评估方式。这种主观评估也为避责行为的环境压力转换提供了一种逻辑解释，即在面对环境压力与担责风险时，行政行为陷于双重困境：在受到系统性环境压力冲击的同时，也不断产生非系统性环境压力。这里避责行为的转换在于，行政组织内部结构性的环境压力输入制造了安全感缺失的工作环境，引起一系列非系统性环境压力。同时，基层行政部门及其成员在面临担责风险的不确定、不平等和扩散时，风险的主观评估往往会将极端情况和意外情况无限放大，这种夸大作用促使巨大负面影响产生，基层行政部门及其成员最有效的应对方式之一是采取表面应付的不作为方式，规避潜在的担责风险。

具体于信访场域而言，信访避责基于环境压力的转换机制，主要表现在当前作风建设与问责力度等各种高压政策的持续强化，出现的行政风险愈发扩大，而信访系统内部系统性环境压力在机制要求、权责配置、部门边界等方面突出呈现出行为与规范相分离、权力与责任不平衡的困境，信访事件的担责风险更加存在着不确定性、不平等性和扩散性，在一定程度上成为信访部门和个体行为转化的根源。

（一）不确定性：信访演变的高危压力

信访担责的不确定性，主要出现在信访行为的利益选择过程中。当前的信访工作虽有效开展，但仍然面临着重大问题之间极易相互转化的风险。一般经济领域的问题易于引发社会领域的问题，单一个人的利益诉求易于引发群体性连锁反应，这些上访事件之间的紧急形态摇摆不定，处置稍有不慎，正常信访就会演变成群体访甚至是群体性事件。这类事件多发生于劳动社保、城镇房屋拆迁、企业拖欠工资和补贴、客运秩序、企业改制等信访类别中。例如，H 省 X 县一起城镇房屋拆迁的信访案例，事情起源于某县城建局规划房屋征收补偿问题，上访人举报当地政府违法拆迁以及补偿不到位的问题。该县政府就补偿问题已与涉事民众按照所属市级《安置补偿标准》进行大部分合理协议签署，但由于案件涉及人数较多，要求难以调和，不免存在"钉子户"的情况。在这种情况下，出现个别人的合理诉求和不合理要求交织在一起，甚至出现合理诉求和无理取闹交织在一起。县政府迫于压力，委曲求全，从"以权压之"的策略转化为"以利诱之"，在这种不平等的安置情况下，由此催生了其他"有心之人"的效仿和闹事。由此使得信访问题逐渐向社会问题转化，单一的利益诉求引发群体性连锁反应，加大了信访部门或个人所面临的担责风险的不确定性。一定程度上，信访工作存在演变为突发性事件的高危性，给信访官员带来处理压力，事件演化的不确定性同时带来更大的工作挑战，同时也必然导致未来的不可期性和不确定性的进一步扩大。

在"压力型体制"下，管理系统塑造了一种"层层向下约束，层层向上负责"的管理机制，由于这种各层级间"压力管制"的关系，任何问题都较为容易上升为政治问题。因此，一般的信访问题很容易上升为政治问题。与之相应的是，信访问责也上升为政治化的问责，以政治化的方式来对待处理，这在更大程度上加剧了信访部门和个人的担责畏惧心理。群众信访一旦扩大为性质严重的社会事件，信访部门不可避免地承担主要责任。无论如何，信访官员的事发责任难以避免，而不确定事件的发生频率及其事发后的担责风险难以估计，因此造成信访部门和个体在风险和责任的双重压力下，面临担责不确定时，必然采取自我保护的行为选择，避责正是源于这种不确定性及其不断扩大的形塑。

（二）不平等性：权责配置失衡

信访担责的不平等性，主要出现在信访行为的问责过程中。信访问题的缘起是高烈度的矛盾冲突，其成因多具复杂性，涉及经济、政治、文化等多方面因素，单靠某一部门难以有效化解，各部门之间的横向联动与协同是必然选择。但在这一过程中，常常出现横向部门间模糊分工界限，采取共担责任的方式分解责任，同时在此过程中，嵌套在权责结构中的信访部门，首先承担事发责任，在不同部门与群体间担责存在着较大的差异性、严重的分布不平等。从部门担责来看，根据 H 省相关信访法律法规制度文件，对维稳信访预防、预警、处理等工作不主动、不作为或工作不力，致使事态升级、造成较大影响、严重后果的，由各级纪检监察机关会同组织人事、维稳、综治、信访等部门按照有关规定和管理权限进行问责；事发前未能有效预警的，根据权属和职责分工，对相关责任部门和责任人进行问责。从中可以窥知，信访官员的事发责任难以避免。各级部门间职能分工不同，责任分布差异明显：信访部门涉及的案件单一性、针对性较强，潜在安全隐患和责任风险相对较高；而其他部门涉及的案件多重性、分散性较强，其面临的责任与风险也相对较弱。这造成了信访部门担责面临的不平等性。这类事件多发生于劳动社保、涉法涉诉、环境保护、客运秩序等公共性高的信访类别中，其中关系联动的涉事部门分散，信访诉求的解决也需要各部门、行业或地区间的协同，但其权责问题，依照权限与职位要求，多是社会综合管理与服务的部门，其信访问题的直接责任不具备正面性，因此潜在责任也不具高危性，担责风险相对较小。

另外，根据 H 省相关信访法律法规制度文件，对领导干部信访工作责任制坚持"属地管理、分级负责"和"谁主管、谁负责"的原则，实行目标化管理，严格执行"一岗双责""谁的问题谁解决"，各级党委、政府及其工作部门、信访局的主要领导对本地区、本部门的信访工作负总责，是信访工作的第一责任人；同时，干部管理权限和法定程序要求明确，严格追究有关责任人员责任。从群体担责来看，责任的差异主要在权力配置上的差异，有关部门领导干部承担第一责任，当面对担责事件时，极端片面强调"一级抓一级、层层抓落实"的分管工作，实行信访工作首问责任制，谁首问就由谁负责到底，将责任一抓到底，上级官员有强烈的意愿将责任转移，主要是逐层向下转移到权力链条末端的工作人员，并且有能力采取避责策略将责任传导至他人，而基层信访官员及工作者则受到责任风险冭其职位安全和利益带来的损害。部门与群体两种不平等担责形式的外在表现，导致避责行为成为其化解担责风险的最佳选择。

权责不对等一直是基层工作的一大"顽疾"，现在权力虽被依法下放了，看似权力大了，但实际上更多的是虚权，几乎没有实权，在看似掌握实权的表象下，实际上更多的担子都压到了我们身上，责任负重更多了。对于我们基层干部来说工作压力非常大，我们的工作直面百姓需求，本应该第一个为百姓的所需所求解决问题，但我们实在没有权力，往往还会直接引发与百姓的冲突，更严重时等待我们的是上级的首发问责，这样两难的工作境地，我们也很无奈。（访谈 X 县乡镇信访办干部，20190821A）

基层工作的困难大家是有目共睹的，我们要什么没什么，有时并不是我们不想干，我们真的是心有余而力不足。现在倾斜基层的政策比以前好很多了，但我们仍没有足够的人力、物力、财力，看看我们手底下才几个人，每个人几乎都是身兼多职，每年考到基层的优秀人员都被借调走，我们编制是满额的，但是没有人干活儿，人才全部被外借。而且，乡镇各站所要么是垂直管理的，要么是需要上级职能部门业务指导和行政管理的，这种工作实际使执法权、处罚权向上垂直，工作责任却留给乡镇政府，严重分割肢解了乡镇权力结构。因此，问题的核心还是人员配置缺乏、权责不一致。（访谈 X 县乡镇领导，20190825B）

（三）扩散性：公众舆论传播

信访担责的扩散性，主要出现在信访行为的公众舆论过程中。信息时代下网络社会的兴起与发展，在压缩传播时间的同时大大加强了信息传播的流动空间。网络技术激发了当下各类事件的发酵与传播的速度，尤其是负面事件的传播，失范的信访行为往往经常具有扩散性和争议性。同时，由于互联网线上线下公众舆论的极速传播，信访案件不仅具有突发性，借助网络技术传播，迅速发展为舆论焦点，引发群体性事件，而且具有流动性，上访人员的心理活动通过集群认同、情绪积聚和相对剥夺感三个阶段的推进，引发其他社会群众的联动，产生辐射效应，最终达到引发群体性事件的临界点。在信访担责的扩散过程中，可以说公众舆论是推动事态恶化或迅速扩大升级为群体性事件的催化剂。同时，对信访工作者来说，负面事件对个体的影响比正面事件更为深远和持久，社会公众对负面事件的压倒式评价，信访工作人员的消极感知产生消极化的心理偏向或负面情绪，在信访事项办理工作中表现出"冷漠"态度，对上访人推诿、敷衍、拖延，这种偏向感知更容易引发未来的问责。在公众与个体的双因素影响下，对担责的扩散产生辐射效应，二者叠加导致信访官员必然面临问责。

信访内容是点多面广，而信访直接面向与民众的矛盾冲突调和口，较为敏感，而民众间更容易形成熟人或相同感受群体，面对不满调解和有不满情绪时，自认为相比较政府部门而言，自身利益处于劣势，善于以集体性冲动手段发泄情绪，引发公众关注，利用社会同情引导舆论，不顾法理，信访处理行为稍有不慎，不良后果被公众捕捉并"有色"

传播，助推群体事件的演变，会直接触发相应的问责。（访谈 X 县乡镇领导，20190827A）

> 互联网的迅速发展，民众感知越来越敏锐，上级的监督管理也越来越随着民众信息感知方向并锁定问题，民众舆论越来越成为决定我们工作完成度的一把标尺，处理案件的民众意见反馈一旦出现问题，督查组和上级问责马上落实问题，重翻案件，层层检查落实处理情况。案件处理得好是你的本职工作，一旦出现问题，产生消极舆论，检查问责直接面向基层部门和直接责任处理人员。（访谈 X 县乡镇领导，20190827D）

在上述权力与责任不对等的情况下，信访官员面临不均等的机会与结果，"理所应当"地成了问责的承担者。这种结果的不平等，客观上造成了信访官员自发的避责并逐渐演变为在信访领域普遍存在的行为现象。

四　信访避责的行动策略及行为选择

信访避责行为作为信访工作人员规避责任的具体表现与实际运用，可以划分为程序性行为、感知性行为、支付性行为等类型。基于行为与规范、权力与责任的配置结构和现实运行，避责是信访官员在环境压力下应付担责进行的行为选择。在策略选择过程中，部门或个体根据不同的情况选择不同的避责行为。

（一）程序性避责

典型案例一：农村土地征占问题引发的信访案件

案例简介：2015 年 2 月，H 省 X 县 M 镇 S 村村民王某、李某等人向国家信访局反映，2008 年其村村委会与某风景区签订土地流转办议，将村民的 200 多亩口粮田承包给该风景区，期限至 2025 年。但 2013 年，村委会未经村民同意，将 200 多亩土地一次性卖给了风景区，其中 80.2 亩土地有征地批文，补偿标准为每亩 2.4 万元，补偿款已拨付到村，但按照每亩每年

140 元发放而没有一次性发放给村民。自 2013 年开始，王某、李某等村民先是向村委会理论，要求补发补偿款，但村支书以补偿款并未一次性拨付为由，拒绝一次性发放给村民。随后，王某、李某组织人员到 M 镇政府，基层政府信访办人员出面与之协调沟通，但都是劝返的说辞，告知上访人要先进行情况核查，核查后处理告知。之后的一段时间，上访人先后多次到县、市、省级政府和信访单位上访，未得到实效解决，遂到国家信访局上访。

程序性避责是指行政部门或个体在其职务工作中依据工作制度、程序要求，片面、教条地理解和规避相应担责行为或潜在担责风险。程序性行为主要包括忙而不动、纳入常规、请示汇报、回应滞后、表面应付的具体策略。访谈的信访工作人员认为，信访问题的处理需要根据案件性质和演变可能性，视情况层层上报、层层审批，领导批示后，再会同具体业务部门拿出处理方案，处理方案上报领导审批，信访部门及工作人员主要的作用还是沟通和疏导，提出的处理意见有关部门或者办理不力或者婉言拒绝，造成很多问题无法解决，导致信访工作人员对角色的认知非常模糊。正是这样，信访工作岗位的任务和要求处在较为繁杂的水平上，直接后果是接访工作在办理上容易被拖延，工作人员更方便的避责行为多为请示汇报、回应滞后。另外，当前构建和谐社会理念深入发展，对信访部门化解社会矛盾提出更高要求。信访部门由此承担的社会压力越来越沉重，处理稍有不慎，就可能引起更大的社会矛盾，这必然引起信访工作人员的担责压力。因此，为了谋求责任最小化，工作人员采取在制度程序范围内将担责风险上移，把较为棘手的工作纳入繁文缛节中，用制度程序将其淹没在日常行政过程中，在这一过程中多采取忙而不动、纳入常规、表面应付的行为。

案例一中，根据调研了解到，王某、李某组织人员到镇政府，基层政府信访办人员出面与之协调沟通，都是劝返的说辞，告知上访人要先进行情况核查，核查后处理告知。上访人称"镇政府就基本情况是容易掌握的，但仍然迟迟不见答复，再一次上访后才给出核查的答复，但却告知上访人问题的处理要按程序步骤一级级上报、审批解决"。上访人认为这并不是想要解决问题的态度，随之组织村民来到县信访局，县信访局简单登记基本情况，告知国土问题也要到国土局进行案件登记，双方经过核查后给出答复，与镇级单位说辞一样，报备领导，又是劝返。

在信访案件处理过程中可以看到，各级单位都有关于领导审阅、批示的说辞，表面上看是在走必要的常规程序，完善工作，但实际上是在具体事情上"推、绕、拖"，甚至存在多个部门多位领导轮流批阅，由多人共同参与到决策过程中，模糊个体角色，以集体决策的方式进行程序性避责。随着大量社会矛盾诉诸信访渠道，信访工作压力愈发沉重，信访工作行为开始逐渐发生变化。信访工作岗位的任务和要求处在较为繁杂的水平上，直接后果就是接访工作在办理上容易被拖延，工作人员更方便采取请示汇报、回应滞后的避责行为来拖延信访案件的具体做事情。同时，为了尽可能妥善地化解信访问题，工作人员将责任限在制度程序范围内，上移担责风险，采取制度、规则和程序规避，表现为忙而不动、纳入常规、表面应付的程序性避责行为。

（二）感知性避责

典型案例二：城镇房屋拆迁问题引发的信访案件

H 省 X 县东街田某等 28 人，2015 年 1 月致信国家信访局反映，2011 年 X 县实施城中村改造，对其所在的东街的房屋进行拆迁，拆迁后 4 年一直未安置入住；田某等人一直租房，房租上涨，过渡期临时安置补助费过低；拆迁补偿标准前后不一致，2014 年后期拆迁户置换比例高于他们的置换比例。在双方签订协议时，明确了采取"产权调换方式"和"就地安置"两种补偿方式，承诺 2012 年 10 月 30 日之前安置到位，但直到承诺日期也不见安置房的建成。

核查情况：经核查，信访人反映的问题基本属实。2008 年 X 县政府下发"城中村改造办法"，并委托某房地产开发商投资改造建设。该项目需对东街部分区域房屋进行拆迁，项目占地 5.2 万平方米，涉及拆迁户 328 户，分三期进行。田某等 15 户于 2011 年 3 月与镇政府签订了拆迁安置协议，并对其房屋进行了拆除。协议明确了采取"产权调换方式"和"就地安置"两种补偿方式，承诺 2012 年 10 月 30 日之前安置到位。但由于改造区内部分群众不接受拆迁补偿标准，拒绝拆迁，拆迁进度缓慢，安置房未能动工建设，田某等已签订拆迁协议的群众得不到安置，仍在外租房。为解决此问题，X 县政府对接受异地安置的群众，在拆迁原址一公里内回购了 5 套商品现房，作为安置房分配给了田某等 5 户群众；对选择原地回迁安置的群众，县政府收回了开发商对该项目的土地使用权，并将该项目纳入棚户区改造，拟定近期开工建设。同时按照每户每年 3600 元的临时安置费用对拆迁群众予以补偿，发放时间截止到拆迁户落实安置房。在项目实施中，县政府与拆迁群众签订了协议，明确以 1∶0.4 的标准进行面积置换。2014 年 9 月，房地产商对 19 户平房拆迁户以企业名义增加了额外补偿（折算后置换比例达到了 1∶0.6），这一做法致使前后补偿标准不一致。

感知性避责是指主体对某一客观事物的整体表面特征、属性的直接反应。在行政过程中，行政部门或个体依据工作职能感知、评估行政风险，从而采取感知性避责策略。感知性行为主要包括找替罪羊、隐匿信息、寻找借口、推诿扯皮、责任共担的具体策略。在我国履行类似职能的机构和部门很多，相互之间缺乏协调有序的沟通协调机制，信息共享难，易出现多重受理或相互推诿现象。信访部门和信访官员正是利用信访工作机制内这一缺漏，在处理环境污染、工人权益保护、质量安监等公共性信访事件中，往往出现感知性避责行为类型。通过共同分担模糊分工界限，采取责任共担的策略化解责任。当出现信访事件处理不当，尤其牵涉舆论风评"一边倒"事件时，运用推诿扯皮的避责行为，将责任推卸至同级其他部门，或是通过隐匿信息的行为方式，利用职级权力优势封锁信息，采取技术手段处理网络舆情。

《信访条例》中明文规定了信访的执行主体，但实际上在我国履行类似职能的机构和部门很多，而且信访问题的发生领域范围极广，职能过于宽泛，信访工作机构的任务不明确，几乎所有的社会问题、矛盾与冲突都可以诉诸信访部门。例如，农村土地征占、城镇房屋拆迁的信访问题常与国土、住建、林草、水利等单位相关，环境保护、退耕还林的信访问题常与国土、文化旅游、自然资源、生态环境、市场监管等单位相关，劳动社保、企业改制、企业拖欠工资和补贴的信访问题常与人社、税务、社保、医保等单位相关等，诸多部门之间相互牵涉。同时，又缺少统一归口管理，各部门之间信息互通、领导机构缺位，使得信访部门在处理来信来访时显得力不从心。因此，信访类似职能的机构和部门的多重与联动，造成了信访机构庞大而分散，不利于沟通协调、信息共享等，导致对一些信访案件常出现多重受理或相互推诿的现象，通过模糊横向部门间的分工界限，采取共同担当的策略分解责任。在信访工作中，主要突出体现在有限执法权上，即信访部门对其他各行政机关也没有明确的制约能力，基层信访办只有受理权而无相应执法权。

案例二中，在双方签订协议时，明确了采取"产权调换方式"和"就地安置"两种补偿方式，承诺 2012 年 10 月 30 日之前安置到位。但直到承诺日期也不见安置房的建成，温某等村民向县信访单位反映问题，要求其催促房地产开发商施工，同时反映房租上涨，安置补助费过低，信访单位工作人员常规登记案件基本反映情况，并答复称案件属于其受理范围，但信访单位不具解决实权，并且案件牵涉其他相关部门，告知上访人他们会将案件情况转交、交办至国土局、住房和城乡建设局等相关单位，进行了情况核查后处理告知。此信访案件在当地被列为重大复杂案件，由于涉及人数较多、解决难度较大，上访人多次组织"小团体"围堵主管单位，引发群众聚集，严重影响行政单位工作秩序和地区人民的生活秩序。据与其中的上访人访谈得知，他们自称县相关单位就基本情况是本可以及时掌握的，但对于案件的核查情况总是有诸多理由，其间上访人到县国土局和城建局问询处理情况，都被答复案件还在核查中，请耐心等待，核查后会告知，问题久拖不决，迟迟不给处置答复。另外，据与县信访局接访人的访谈，基层信访工作人员对于信访工作也是怨声连连，认为"信访工作就是天下第一难事"，受"夹板气"。表示信访单位多是民众与政府的调和剂，解决实权范围有限，只能在相关单位的协同下解决信访问题，信访单位和工作人员主要负责信访信息上级或横向部门的转答与传送，上访人员出现倒流、滞留与重访的问题，处理压力仍压在信访部门。而且，在各类上访群众的人员中，大多数人的合理诉求和不合理的要求交织在一起，还有部分上访人员的合理诉求和无理取闹交织在一起，这些客观现实使得信访问题的处理难度越来越大。

在调研过程中，与基层工作人员交流了解到信访单位工作人员的压力与无奈，上述案件的工作人员也深知这一困境："信访单位不具解决实权，告知上访人他们会将案件情况转交至国土局、住房和城乡建设局等相关单位，进行情况核查后处理告知。"根据信访工作的职能定位（主要作用是沟通和疏导，无实权）与横向部门间的联动关系，在多重部门职责重构的情况下，信访部门往往采取责任共担或者推诿扯皮的策略分责和避责。最后，在案例的核查情况中，发现相关协议均符合标准要求，但在安置补助费的发放主要问题上，街道办的说辞具有明确的解释权，虽在核查过程中可以承认其具有一定的真实性与准确性，但该过程中不免存在推卸责任，当出现不良后果时，向下转移责任，将责任推卸至权力链条末端的基层人员承担。

（三）支付性避责

支付性避责是指通过付出、给付的方式进行行政处理，而实现处理成本与成效收益的优化过程。支付性行为主要包括非理性支出、分散化处理、赔偿的具体策略。信访部门作为直接调解人民群众各类矛盾的行政部门，直面公众舆论的正面评价。信息时代的公众舆论被视为一种需要谨慎规避的对象，导致信访工作的开展倍受压力。网络技术激发了当下各类事件的发酵与传播速度，尤其对负面事件的传播，更易引起井喷式的关注和评价。信访中的一件小件，工作人员处理稍有不慎便可能通过网络媒体的发酵，成为一个群体访甚至是性质恶劣的群体性事件，首先承担事发责任、被问责的便是工作人员。因此，基层官员精力的有限性与负面事件信息传播的迅速性，使得工作人员无法准确预判所处的环境，基于社会关注效应最小化，防止演变为突发性高危事件的考量，在处理群体性信访案件或是个别缠访、闹访的非正常信访案件中，非理性支出、分散化处理、赔偿是信访官员通常采取的避责行为。

当前，在信访主体与诉求多元化、复杂化的同时，信访方式和手段也逐渐多样化，并有倾向于极端化的趋势，越级上访、重复上访和集体上访数量攀升，非制度化信访现象突出。H 省 X 县的上访量统计显示，以 2018 年为例，县级信访部门共受理群众信访 1069 件（人）次，较 2017 年信访量有所下降，但赴省赴京级上访平均增加了 51.6%，出现了"倒金字塔"现象。在非制度化信访案件中，信访"小团体"尤为突出，多是以绲团的方式进行信访维权和利益保护。

基于我国"半熟人社会"的乡土社会基础，这种信访"小团体"的抱团式效应更为显著，利益是其共同行为的黏合剂，多是以共同利益为核心进行联合，通常是由"带头人"进行人员组织，这种"小团体"是临时性的但具有一定程度的组织性。上述两个案例都是一定的"小团体"上访活动，但案例二中田某组织 28 人致信国家信访局，可以更为直观地看到这种团体性。在这种规模较大的集体访案件中，也可以看到围堵主管单位、呼喊口号、引发群众聚集等极端上访行为。当出现这种状况时，信访单位迫于压力，为了"维稳"，往往只得采取"花钱买平安""息事宁人"的方式支付避责，甚至部分地方政府乱作为，有些地方官员为了政绩考核和职位升迁，对群众上访采取截访、堵访等消极掩盖的办法，出现"信访寻租"现象。

同时，网络技术激发当下各类事件的发酵，加快其传播速度，更是加剧负面事件的发酵与传播，极易将普通的集体访案件演变为突发性高危事件，因此非理性支出、分散化处理、赔偿的支付性避责通常是这类集体访案件经常采取的避责策略。在案例二的核查情况中，提及拆迁补偿标准前后不一致的问题，2014 年后期房地产商对 19 户平房拆迁户以企业名义增加了额外补偿，折算后置换比例达到了 1:0.6，较之前 1:0.4 的置换比例有所提高。在置换比例上升的这一过程中，虽是房地产商以企业名义进行的额外补偿，但仍然存在以非理性支出和分散化处理来分解这种"小团体"的上访组织的嫌疑，避免演变为突发性高危事件连累部门或个人承担责任。

五　防范信访避责的对策探讨

在转型期社会矛盾多发的背景下，信访作为缓解和释放社会矛盾的"阀门"，引起了党和国家的高度重视。避责作为一个现实问题，其逻辑进路在于逃避、转移或者减少事发责任的承担，而信访部门权小责大、权责不对等的局限性，在一定程度上为信访工作人员的避责行为提供了策略选择。防范或减少信访避责行为，一方面要加强制度建设与约束，合情合理合法地解决信访矛盾问题；另一方面要明确职能部门定位，完善信访体系建设；同时，最重要的是要正确引导舆论，在源头上防范信访的恶性演变，优化信访环境。

（一）强化外部约束

1. 建立容错免责机制

近年来，在贯彻落实全面从严治党的新形势下，一些干部在工作中心存顾虑、不敢担当，做事畏手畏脚、推诿扯皮，在干事创业的道路上步履迟缓，甚至止步不前。这种现象的存在并非因为这些同志工作懈怠、创新争优意识退化，而是他们在思想上存在着顾虑和担心，怕冲在前面出现工作失误时对自己造成不利影响，甚至受到组织处分。因此，构建一整套支持、保护和激励党员干部改革创新、担当有为的制度机制势在必行。2018 年，中央提出建立健全容错纠错机制，强调厚爱与严管并行，切实为敢于担当的干部撑腰鼓劲，宽容其失误错误。但是，在出台具体实施细则上和容错纠错上，各地区各单位缺乏具体的操作办法和依据。

建立容错免责机制，应具体落实两个方面内容。一是应把握事前、事中和事后三个环节。事前防错多激励，对普遍存在的共性问题，及时掌握动态，有针对性地教育引导，完善制度机制，及时纠正干部在干事创业中出现的问题和错误，最大限度地避免和减少错误的发生；事中消错勤督查，在干事创业过程中，要加强对干部的日常监督、常态巡察和跟踪复查；事后纠错常谈心，对于那些撸起袖子加油干的"创新干事""试错干部"，要及时开展谈心谈话，多在政治、工作、生活上给予关爱，及时了解他们的个人思想情况，化解他们的心理顾虑，保持他们积极作为、勇于担当的工作热情，竭诚奉献。二是应建立规范容错免责的具体程序，严格细化申请、核查、认定、实施、答复、公示和报备等各个步骤与环节，制定和完善相关细则，做到一切工作都有理有据，经得起人事组织和人民群众的考验与监督，不让被容错免责者受到不必要的负面牵涉。同时，也要坚持厚爱与严管结合、激励与约束并重，注意正确实施容错免责办法，防止容错免责机制被滥用为违纪违法的"挡箭牌"。

2.健全考核问责机制

目前，考核部门对机关领导干部的考核措施运用还不到位，时松时紧，热一阵冷一阵，考核结果与一些岗位的调整和职位的变迁结合还不是很紧密。特别是职务与职级并行规定出台后，个别领导干部觉得干与不干一个样，干多干少一个样，干好干差一个样，只要年限到就可以提升待遇，对工作消极懈怠，存在"不求有功、但求无过"的避责嫌疑。

健全考核问责机制，一要明确细化主体责任。完善考核结果问责运用机制，对考核排名靠后的领导干部，适当调整岗位，给予其足够压力，正向实施问责机制的刚性约束，明确细化方案。二要从严监管督职问责。一方面，加强组织领导，做到上下联动，强化各单位与信访工作一同部署、一同落实、一同考核，主要领导要亲自抓，分管领导要具体抓，既抓好工作，又带好队伍；另一方面，严格监督制约，抓好权力运行，构建制度体系，强化监督制约，保证信访工作执行权和行政管理权依法规范行使，狠抓中央八项规定和廉洁自律各项规定的执行和落实，引导广大信访干部切实守好做人、处事、用权、交友的底线。针对易发生信访漏洞、为政不廉的重点岗位和关键环节，进一步强化落实相关规定和防控等制度。同时，修订完善领导干部职务与职级并行规定，对有等待思想，在落实上级重大决策部署中习惯于讲条件、搞变通的慵懒干部，延长职级提升时限，产生警示效果，让监督与权力的落实责任如影随形，从而激发其积极性和潜能，变压力为驱动力。

3. 完善干部考核评价机制

在精神层面上，大力加强行政工作人员的精神建设，全面建立单位全体干部参与本单位年度目标设定制度，提高干部对实现目标概率的信任度，在目标实施过程中采取"大目标、小步子"的方式，增强干部工作的主动性和自觉性。在干部交流上，加大沟通力度，促进干部合理流动。比如，加大乡镇与乡镇之间、乡镇与城市部门之间的干部交流，适当流动一部分，调动其积极性。在考核层面上，建立对不同单位、岗位、干部群体具有针对性的绩效考核标准，树立良好的用人导向，健全任用选拔的标准，大力选拔任用勇于作为、敢于担当的干部，对不担当、不作为甚至乱作为"得过且过"的混日子干部，大胆地批评、降职或淘汰，积极引导干部树立正确的权力观、政绩观，善于担当奉献，勇于实干创业。

（二）立足内部约束

1. 厘清部门边界，合理定位信访职能

原有的信访工作模式过分强调信访部门的作用，素来有"信访部门包打天下"的说法，解决社会矛盾的重担也过分集中在信访部门，造成信访部门工作压力巨大而疲于应付。而且信访部门权责配置分离，并不是有权处理信访案件的有权机关，与有权机关的沟通协调也经常纠缠不休，案件迟迟得不到有效解决，在客观上破坏了信访工作机制，甚至冲击了司法工作的权威。

厘清部门边界，首先，需要从入口处即合理分流，明确实行诉访分离，分清行政机关与司法机关在处理信访案件时的责任。涉及民商事、行政、刑事等诉讼权利救济的信访事项，纳入"诉"的范畴，依法导入司法程序，由政法机关受理，信访部门不再受理；其他普通信访事项明确为"访"，由信访部门单独受理，政法部门不再受理，避免重复受理。其次，需要厘清上下级、部门与部门之间的职责权限，尤其是信访部门与其他部门的职权界定。将"谁主管、谁负责"原则，放在"属地管理，分级负责"原则之上，严禁上级部门随意扔包袱、推责任。为此，需要从以下两个方面入手，强化

信访职权配置。一是完善立法，对信访部门的权力进行法律层面的细化与明确，逐渐强化信访部门的法律依据，增强其信访工作的权威性。二是合理合法给予信访部门适当权限，比如对其他部门的协调权、指导权，以及案件处理的通报权、监督权、处罚权等，改变信访工作的"秘书"作用，跳出例行登记或转交等表面工作，对信访案件跟踪负责到底，真正发挥其社会减压阀的功能作用。

2. 建立矛盾纠纷联动机制

信访所反映的问题往往涉及社会生活的诸多方面，就多数信访案件而言，信访部门必须综合考虑，按照分级负责、归口调处的要求，分类解决。各级信访部门和基层调解组织与司法、行政、仲裁等力量相互沟通衔接，建立公检法司大联合机制，定期进行信息共享、情况通报，有效打造"访调对接"联动平台，避免出现推诿、扯皮现象，对矛盾纠纷化解机制和力量进行有效整合与重构，形成优势互补、主体多样的新时代多元化信访矛盾纠纷化解新机制。同时，要加强内部监督，强化对办案流程的管理，形成有效的制约机制，及时发现和处理办案中可能出现的问题，切实做到办案程序正当和公平公正。

3. 落实监督，厉行责任追究机制

领导干部在行政工作中不仅发挥着组织统筹的作用，在基层监督领导也起到重要作用，信访领导干部要定期下访，变群众上访为领导下访，加强信访矛盾解决在基层的责任意识，避免造成群众越级信访和重复信访，及时办理好初信初访，落实初信初访的"首长负责制""首办责任制"。同时，严格惩戒工作落实不力，对信访工作被动、信访问题不能及时处理，引发群众进京非访和多次越级上访的基层单位与领导干部，给予通报批评，在通报批评后仍无改观的，予以一票否决，不能评为先进单位，并将其列入信访工作重点管理单位，由领导机关党政一把手对该单位党政一把手进行诚勉谈话，在重点管理期间，该重点管理单位的党政一把手不提拔、不重用。

（三）正确引导舆论

1. 加大宣传，营造容错免责社会环境

当前，容错纠错机制的大环境尚未成熟。各级行政部门干部在改革创新的实践中，犯错在所难免，但是容错纠错机制是把"双刃剑"，既可以为改革创新者撑腰鼓劲，把干部干事的"大包袱"变成干事的"护身符"，又可能在容错纠错条件和情形不完善的情况下，出现权力寻租，产生避责、庇护式腐败，成为懒官、庸官、惰官的"护身符"，成为腐败分子的"挡箭牌"。因此，需要进行正确的社会舆论引导，转变传统惯性观念，让广大群众理解和支持容错纠错机制。

在网络信息时代，"容错纠错机制"申报人信息公开的及时全面和数据真实与否，直接影响群众对信息真实性的判断，以及对公信力的评价。因此，政府应及时在新媒体平台上公开公示容错纠错细则，解读容错纠错机制的内涵，避免群众对该机制的实施产生不必要的误解，让群众明白这一机制的建立是为了激励和保护敢于干事创业、锐意创新的干部，而非给他们主观违规犯错设立的避责"保护伞"。同时，对重大项目和重点工作的推进落实情况，主动公开工作程序，让群众及时了解和监督干部的所作所为，包容干部工作中出现的失误和差错。容错纠错机制只有得到广大人民群众的认可和支持，才能长盛不衰。

2. 强化舆情管理，发挥网络正面引导作用

首先，畅通信访渠道，引导群众依法表达诉求。健全公开透明的诉求表达方式，建立并完善"信、访、网、电、短信"五位一体的群众诉求受理方式，完善集网上投诉、查询、服务、监督、评价于一体的信访综合运行管理体系，提升网上信访群众满意度评价参与率，并通过建立短信平台，自动告知群众反映信访问题办理的进展情况。引导群众更多地以电话、网络等形式合理表达诉求，减少群众来访数量，并积极引导群众以理性合法的方式逐级表达诉求，不支持、不受理越级上访，依法维护信访秩序，从而提高信访工作的整体效能和公信力。

其次，在互联网环境下，建立信访网络舆情预警机制，针对信访舆论积极在网上对于不稳定因素开展排查，广泛收集、有效甄别，定期进行分析研判，对民众思想状况做到掌握及时、精准。同时，多方面多渠道了解群众的倾向和意愿，有针对性地对重大舆情形成预警报告，防止产生激化和矛盾。及时通过网上解答、引导教育，发布事实，控制好舆论导向，从而为信访工作人员提供一个风清气正、敢于做事的正向舆论环境，避免因舆论压力而产生避责行为选择。

最后，推进信息公开，提升信访工作宣传力度。提高信访工作透明度，坚持以公开为原则、不公开为例外，稳步推进信访工作和业务流程公开，逐步实现信访事项的受理、办理、督办全过程公开透明，让信访人和社会公众在信访工作领域的知情权、参与权、表达权、监督权得到充分保障。同步抓好群众满意度评价工作，倒逼改进工作，紧抓工作人员的工作积极性。

高校学生参与雾霾治理意愿的影响因素与逻辑机制[*]

——基于 13 个城市部分高校的调查数据

吴世坤^{**}

摘　要： 社会工业化发展在促进经济增长和人们物质生活水平提高的同时，也带来了雾霾等环境污染风险问题。公众不仅是社会发展利益的享有者，也应该是发展风险的分担者和风险治理的参与者。如何强化公众雾霾风险治理参与意愿是现代风险治理应首先阐明的问题。基于全国 13 所高校雾霾风险情境的调研数据，本文以保护动机理论为基础，尝试探究作为公众子系统的高校学生参与雾霾治理意愿的影响因素和逻辑机制。研究发现，个体层面的因素发挥根本影响作用，政府层面的因素发挥重要引导和调节作用，制度环境层面的因素发挥基础辅助作用。主要存在"威胁—能力"评估机制、"损害—利益"权衡机制、"文化—认知"建构机制、"作为—吸纳"引导机制、"绩效—替代"挤出机制、"环境—辅助"基础机制等逻辑机制。风险接受、风险忍受、自我防护与治理参与构成系统的行为意愿类型图谱。基于研究结论，本文从政府积极吸纳、畅通雾霾风险信息传递沟通渠道、完善雾霾风险治理制度体系和治理参与空间平台三方面提出促进高校学生参与雾霾风险治理的政策建议。

　＊　基金项目：重庆市高校维护稳定研究咨政中心开放基金资助课题"高校学生参与风险治理的影响因素与制度路径研究"（CQGXWWZZZX2019-3-Yjs1）。

＊＊　吴世坤，武汉大学行政管理专业博士研究生，研究方向为危机管理、公共文化服务。

关键词：雾霾　公众治理　风险治理　高校学生

一　引言

社会工业化发展在促进经济增长和人们物质生活水平提高的同时，也带来了雾霾等环境污染风险问题。自 2013 年以来，雾霾相继侵袭了我国各大城市，影响了社会正常生产生活秩序，受到政府和社会各界的广泛关注。毫无疑问，雾霾风险治理已经成为我国最核心最前沿的公共问题之一，亟须与之匹配的治理体系和治理能力。近年来，我国形成了"强政府主导，弱公众参与"的雾霾风险治理模式。① 2013 年 9 月，国务院印发的《大气污染防治行动计划》从十个方面确立了政府在大气污染治理中的职责，同时指出，大气污染防治要形成"政府统领、企业施治、市场驱动、公众参与"的新机制。全国人大常委会于 2015 年和 2018 年两次修订了《大气污染防治法》，对大气污染防治标准和限期达标规划、大气污染防治的监督管理等内容做了规定。随着中央政策关照力度的升级，各省市也纷纷颁布了相关的政策措施进行大气污染防治，如采取关停重污染企业、试行煤改气、汽车单双号限行、限制烟花爆竹燃放、建设工地粉尘控制、禁止秸秆燃烧、发展清洁能源工具等行政手段。与政府的强势主导相对应，我国公众雾霾治理参与程度却比较微弱，表现为对环境问题的关注度高但参与程度低的总体现状。原国家环保总局的一份关于我国公民参与环保活动的报告显示，在环保行动中，我国公众低度参与比例为 65.9%，高度参与比例仅为 8.3%。②

在政府强势主导之下，社会公众参与虽然微弱，但是成效显著。早在 2011 年，以环保组织达尔问自然求知社为代表的社会公益组织自发掀起了

---

① 李华强、韩译萱、范春梅：《雾霾危机情境下应该如何应对？——基于高阶与低阶应对行为分类的视角》，《中国行政管理》2017 年第 6 期。

② 胡震云、张玮、陈晨：《论云管理理念下公众参与环境保护的管理创新》，《江海学刊》2013 年第 6 期。

民间空气自测运动，随后商界精英和意见领袖也加入这场自测行动中，激发
了社会舆论对雾霾风险的高度关注。① 除了空气自测和舆论监督，近年来公
众还参与到了环境政策议程当中，如环境来信和政协提案等②，陆续的民间
参与形成了强大的公众行动网络，"倒逼"国家大气防治进程的推进。因
此，在现代风险社会中，公众不仅是社会发展利益的享有者，也应该是发展
风险的分担者和风险治理的参与者③，享有环境治理事务的知情权和参与
权。公众在雾霾风险治理中具有举足轻重的地位，通过公众参与治理是解决
雾霾问题的有效路径。④ 尽管当前我国公众的治理参与程度和能力还比较
弱，但是公众参与意识和意愿正在逐步觉醒。当务之急是探寻途径与方法，
引导和培育公众治理参与意愿，进而规范和优化公众治理参与行为，真正发
挥公众雾霾风险治理的力量。

　　高校学生是社会公众的子系统，是公众的重要组成群体。本文选取高校
学生作为样本，主要基于如下考量：一是高校学生个人性格已趋于成熟，受
教育程度较高，对雾霾风险及治理有较成熟的想法和作为；二是高校学生未
来会走向各行各业，在社会发展中具有重要影响力，也是雾霾等风险治理的
重要参与力量；三是基于高校学生处于较为明确的组织结构中，便于抽样开
展。⑤ 显然，高校学生可以且应当被纳入雾霾风险治理学术研究之中。相应的，
本文的调研基于高校场域，以高校学生群体为调研对象，尝试理解这个群体参
与雾霾治理意愿的影响因素和逻辑机制。基于此，本文核心围绕如何强化高校
学生雾霾风险治理参与意愿这个议题，深入探究其治理参与意愿的影响因素和
逻辑机制，以期为促进我国雾霾风险治理提供实证研究经验总结和政策启示。

---

① 冯洁、吕宗恕：《我为祖国测空气》，《南方周末》2011 年 10 月 27 日。
② 吴柳芬、洪大用：《中国环境政策制定过程中的公众参与和政府决策——以雾霾治理政策制定为例的一种分析》，《南京工业大学学报》（社会科学版）2015 年第 2 期。
③ 〔德〕乌尔里希·贝克：《风险社会》，何博闻译，译林出版社，2004，第 17 页。
④ 冯子轩：《风险治理维度的公众参与模式及其实现——以战略环境评价为例》，《南京社会科学》2020 年第 8 期。
⑤ 吴世坤、郭春甫：《雾霾之下：公众感知雾霾风险的心理特征测度与风险治理策略——基于全国 12 个城市的调查数据》，《风险灾害危机研究》2019 年第 2 期。

二　文献综述与研究假设

（一）既有研究综述

既有研究主要从公众的角度研究治理参与相关问题。公众参与的概念源于西方民主制度，公众对环境污染的监督本质上是一种具体的、监督式的环境参与行为。[①] 当前我国制度化的公众参与途径主要有 7 种：议案式参与、公示及听证式参与、咨询调研式参与、窗口式参与、信访式参与、活动式参与、媒体式参与。[②] 因此，雾霾治理参与意愿是公众为了控制雾霾风险，减小雾霾对身心和社会发展的损害，而选择参与志愿活动、政策议程等环境保护行为的动机取向。随着雾霾风险问题的不断产生，公众治理参与近年来逐步受到学界关注[③]，其中热点之一就是对治理参与意愿及其影响因素机制的研究。贾广惠研究指出，公众在环境议题中的知与行出现了断裂，表现出"对环境问题的关注度高，但参与程度低"的参与难题，并从公众劳动生产实践、风险考量、媒体作用、个人主义等方面探讨了影响公众治理参与意愿的因素。[④] 王惠琴和何怡平聚焦传统"官本位"思想、人文发展水平、理性经济人角色等因素，探究公众雾霾治理参与意识的规避化问题。[⑤] 陈波、颜静雯和罗颖妮研究了雾霾风险对公众绿色投资意愿的长期影响，发现雾霾风险感知和风险偏好会显著影响公众绿色投资等治理参与行为意愿。[⑥] 刘思宇

---

① 张国兴、邓娜娜、管欣、程赛琰、保海旭：《公众环境监督行为、公众环境参与政策对工业污染治理效率的影响——基于中国省级面板数据的实证分析》，《中国人口·资源与环境》2019 年第 1 期。

② 杨艳东：《中国城市治理困境中的公众参与机制与效果分析》，《云南社会科学》2011 年第 5 期。

③ 张海柱：《系统风险、包容性治理与弹性：西方风险治理研究的新议题》，《国外理论动态》2020 第 4 期。

④ 贾广惠：《环境议题传播中的公众参与难题及其破解》，《中州学刊》2018 年第 5 期。

⑤ 王惠琴、何怡平：《雾霾治理中公众参与的影响因素与路径优化》，《重庆社会科学》2014 年第 12 期。

⑥ 陈波、颜静雯、罗颖妮：《雾霾会促进公众绿色投资意愿么？——基于 SEM 的实证研究》，《中国人口·资源与环境》2019 年第 3 期。

研究认为，在政策论证与共识建构中，雾霾治理问题对于公民的重要性，以及公民对该问题的建议能得到足够的倾听和尊重是保持其参与意愿的动力。① 孟庆国、杜洪涛和王君泽基于利益诉求视角，研究发现行为能力、行为成本、表达渠道、政府回应性等因素是制约公众雾霾治理参与意愿发生的重要因素。② 既有研究对公众雾霾治理参与中"影响因素—治理参与意愿—治理参与行为"的逻辑机制进行了较多阐释，普遍认同治理参与意愿的发生受一定因素的影响，且参与意愿是参与行为的重要前提，并从个体层面、政府层面等角度挖掘了公众雾霾治理参与意愿的影响因素，为后续研究提供了思路启示。遗憾的是，在研究方法层面，已有研究整体上偏向于定性案例分析和经验描述判断，缺乏对影响因素和逻辑机制的实证定量分析。而且普遍以公众为研究对象，缺乏特定群体的细分研究。总体而言，当前雾霾治理参与意愿的研究在变量维度、研究方法和研究对象选取方面尚有待深化。

（二）理论背景与研究假设

高校学生雾霾治理参与意愿更多呈现为基于控制雾霾风险的动机而选择参与，其本质属于一种保护动机，适用保护动机的一般理论进行研究。保护动机理论（Protection Motivation Theory）由美国南卡大学 Ronald W. Rogers 教授于 1975 年提出，其理论内核认为，保护动机的产生是一个社会认知过程，受社会认知因素影响，本质上来源于个体的威胁评估、应对评估和利益评估，威胁评估是指个人对风险事件造成的危险程度的评估，应对评估是指个人对应对和避免风险损害的能力的评估，利益评估是指个人对利益获得和利益损失的判断，威胁评估（脆弱性和严重性）和应对评估（反应效能和自我效能）水平的提高以及利益评估（感知成本）水平的降低都会增加人

---

① 刘思宇：《政策论证与共识建构的多源流嵌套——以"PM2.5 事件"和空气治理为例》，《甘肃行政学院学报》2018 年第 2 期。
② 孟庆国、杜洪涛、王君泽：《利益诉求视角下的地方政府雾霾治理行为分析》，《中国软科学》2017 年第 11 期。

们产生保护行为意愿的可能性。① 该理论最初的目的是为理解个体在恐惧中
的诉求提供清晰的概念框架②，经过持续优化和完善，当前已被广泛采用于
作为预测和干预健康相关行为动机意愿的理论框架③。Magdalena Cismaru 和
Romulus Cismaru 等学者运用保护动机理论研究了公众在防止温室气体排放
和气候恶化方面的行为意愿。Keshavarz，Marzieh 和 Ezatollah Karami 以此理
论研究了农民采取减轻干旱和环境保护措施的意愿，发现响应效率、感知严
重性、响应成本、感知脆弱性、自我效能、收入和社会环境对干旱条件下农
民的亲环境行为意愿有显著影响。④ Van Valkengoed 和 Anne M. 等学者基于
此理论开展了新近研究。⑤ 既有研究从不同议题和因素切入，充分证实了保
护动机理论在预测个体保护行为意愿方面的有效性，其中个体保护行为除了
自我防护行为之外，还包含集体行为或政策参与行为。本文基于此理论解释
高校学生雾霾治理参与意愿的影响因素和逻辑机制，并尝试在因素维度上从
个体、政府、制度环境三个层面进行拓宽调整。

　　一般来说，当个体察觉到威胁时，他们通常会根据风险的大小调整
自己的行为意愿，并确定自己是否愿意接受威胁，或者采取应对行为。⑥
因此，个体感知到的风险严重性往往与他们采取保护性行动的意愿呈正

① Milne, S., Sheeran, P., Orbell, S. . "Prediction and Intervention in Health Related Behaviour: A Meta-analytic Review of Protection-motivation Theory," *Journal of Applied Social Psychology*, 2000, (30): 106–143.
② Rogers, Ronald W. . "A Protection Motivation Theory of Fear Appeals and Attitude Change," *The Journal of Psychology*, 1975, (1): 93–114.
③ Milne, Sarah, Paschal Sheeran, Sheina Orbell. "Prediction and Intervention in Health-related Behavior: A Meta-analytic Review of Protection Motivation Theory," *Journal of Applied Social Psychology*, 2000, (1): 106–143.
④ Keshavarz, Marzieh, Ezatollah Karami. "Farmers' Pro-environmental Behavior under Drought: Application of Protection Motivation Theory," *Journal of Arid Environments*, 2016, (127): 128–136.
⑤ Van Valkengoed, Anne M., Linda Steg. "Meta-analyses of Factors Motivating Climate Change Adaptation Behaviour," *Nature Climate Change*, 2019, (2): 158.
⑥ Workman M., Bommer W. H., Straub D. . "Security Lapses and the Omission of Information Security Measures: A Threat Control Model and Empirical Test," *Computers in Human Behavior*, 2008, (24): 2799–2816.

相关。① 如果个体感知到严重的风险威胁，通常他们会具有较高的保护行为意愿，反之，则行为意愿较低。雾霾对人体呼吸系统和心理健康的威胁是个体最直接的风险感知，当个体的风险感知较高时，会更愿意参与防护和治理行为。② 基于此，本文提出假设 H1。

H1：雾霾风险威胁评估越高，高校学生治理参与意愿越强。

风险情境中，当个体对自身能力或应对行为持有较高的有效性认知时，个体更有可能采取保护性行为。③ 另外，如果个体对自身能力或某项行为措施的有效性不太相信时，可能不会轻易采取行为措施。④ 因此，经应对评估后相信自身有能力及应对行为有效果的个体可能会更倾向于参与雾霾风险治理行为。基于此，本文提出假设 H2。

H2：雾霾风险应对评估越高，高校学生治理参与意愿越强。

人们对风险治理行为保持不同的成本和收益态度，风险治理中利益和成本的考量独立于感知到的风险威胁的严重性。⑤ 因此，如果个人认为风险中不作为比作为的收益更大，或者将花费大量资源（如时间、精力和金钱）用于某项风险治理行为，那么他们就不愿意参与其中，也即是说，作为能带来更大利益才会触发个体的行为意愿。⑥ 利益评估还包括相对利益损失，如果个体认为自己在风险中的损失比他人的要大，则会抑制风险防御和治理行

---

① Pechmann C., Zhao G., Goldberg M., Reibling E. T. . "What to Convey in Antismoking Advertisements of Adolescents: the Use of Protection Motivation Theory to Identify Effective Message Themes," *Journal of Marketing*, 2003, (67): 1-18.

② 徐戈、冯项楠、李宜威、陈晓红、贾建民：《雾霾感知风险与公众应对行为的实证分析》，《管理科学学报》2017 年第 9 期。

③ Woon I. M. Y, Kankanhalli A. . "Investigation of IS Professionals' Intention to Practise Secure Development of Applications," *International Journal of Human-Computer Studies*, 2007, (65): 29-41.

④ Rippetoe P. A., Rogers R. W. . "Effects of Components of Protection-motivation Theory on Adaptive and Maladaptive Coping with a Health Threat," *Journal of Personnel Social Psychology*, 1987, (52): 596-604.

⑤ Workman M., Bommer W. H., Straub D. . "Security Lapses and the Omission of Information Security Measures: A Threat Control Model and Empirical Test," *Computers in Human Behavior*, 2008, (24): 2799-2816.

⑥ Lee Y., Larsen K. R. . "Threat or Coping Appraisal: Determinants of SMB Executives' Decision to Adopt Anti-malware Software," *European Journal of Information Systems*, 2009, (2): 177-187.

为的发生。① 基于此，本文提出假设 H3。

H3：雾霾风险情境下利益评估越高，高校学生治理参与意愿越强。

保护动机理论涵盖了以上威胁、应对和利益三方面的评估对个体应对行为意愿的影响，形成了比较完善的整体框架。但个体在雾霾风险治理中，除了与雾霾风险交互作用形成认知之外，还会涉及与他人、政府和环境的相互关系，并也可能影响个体的治理参与意愿和行为。② 已有研究对政府信任进行了大量探讨，在帕特南看来，信任促进公民参与，具有信任感的人们更愿意积极参与各种社会团体和活动。③ 此外，李连江等学者的研究也提出较高的政府信任会激励个体参与政治行为④。与政府信任相似的是政府期待，包含对政府的认可和期望，同样影响着个体行为意愿。因此，政府如果确如人们所期待的方式开展积极作为，并且具备较高回应性和行政绩效，则会对人们参与形成"吸纳效应"，吸引更多人参与到治理行动中，最终构建起参与式治理模式。⑤ 既有研究同样发现社会信任能显著提升人们的环境保护意愿和增加实际环境保护行动，社会合作性和公平性作为影响社会信任的重要因素，人们的社会合作感和公平感越高，对社会信任感也随之越高，进而强化人们参与环保行为的意愿。⑥ 基于此，本文提出假设 H4、H5、H6 和 H7。

H4：对政府的信任和期待越高，高校学生治理参与意愿越强。

H5：政府作为越积极，高校学生治理参与意愿越强。

---

① 孟庆国、杜洪涛、王君泽：《利益诉求视角下的地方政府雾霾治理行为分析》，《中国软科学》2017 年第 11 期。

② 刘思宇：《政策论证与共识建构的多源流嵌套——以"PM2.5 事件"和空气治理为例》，《甘肃行政学院学报》2018 年第 2 期。

③ Putnam, Robert D. . "The Prosperous Community: Social Capital and Public Life," *American Prospect*, 1993, (4).

④ Li Lianjiang. "Political Trust and Petitioning in the Chinese Countryside," *Comparative Politics*, 2008, (2): 209-226.

⑤ 黄俊尧：《作为政府治理技术的"吸纳型参与"——"五水共治"中的民意表达机制分析》，《甘肃行政学院学报》2015 年第 5 期。

⑥ 张洪振、钊阳：《社会信任提升有益于公众参与环境保护吗？——基于中国综合社会调查（CGSS）数据的实证研究》，《经济与管理研究》2019 年第 5 期。

H6：政府回应性和绩效越高，高校学生治理参与意愿越强。

H7：制度环境合作程度和公平程度越高，高校学生治理参与意愿越强。

三　研究设计

（一）数据来源

本研究数据收集时间为 2017 年 1～2 月，选取石家庄、郑州、北京、西安、太原、成都、武汉、重庆、沈阳、淮南、上海、南昌、广州共 13 个城市的部分高校进行问卷调查。问卷调查采用便利抽样方法，其具有经济性和便利性的优点，适用于探索性的研究。因本研究尝试探索雾霾情境下高校学生治理参与意愿的影响因素，正适合运用便利抽样方法。问卷发放通过社会关系网络，首先选取全国 13 个城市的部分高校，然后依据便利抽样法对高校里的部分学生进行问卷发放，最终回收有效问卷 215 份，数据用 SPSS19.0 进行录入分析处理。选择上述城市进行调查，基于如下考虑：其一，从地理位置上来看，这 13 个城市遍布全国华东、华南、华北、华中、西南、西北、东北七大地理区，能够在一定程度上囊括全国多地的人口特征、感知特征和意愿特征；其二，从雾霾水平分布来看，13 个城市的雾霾水平表现为高中低不同层次，综合起来呈现全国雾霾整体分布态势。

（二）实证模型与变量选取

本研究主要目的是从个体层面、政府层面和制度环境层面探索影响高校学生雾霾治理参与意愿的影响因素。考虑到因变量治理参与意愿是连续型变量，且自变量具有明显的层次性，为了更好融合理论与数据，故本文采用 OLS 回归方法构建多层回归模型进行计量。变量说明及统计性描述结果如表 1 所示。

表 1　变量说明及统计性描述

变量		定义与赋值	均值	标准差
因变量	治理参与意愿	"我愿意参与志愿活动或政治活动以控制雾霾"，完全不同意＝1，比较不同意＝2，一半同意＝3，比较同意＝4，完全同意＝5	4.25	0.912
个体层面变量	风险感知	"雾霾的总体风险程度"，程度很低＝1，程度较低＝2，一般＝3，程度较高＝4，程度很高＝5	3.98	0.843
	负面情绪	"面对雾霾我感觉焦虑"，完全不同意＝1，比较不同意＝2，一半同意＝3，比较同意＝4，完全同意＝5	3.76	1.040
	应对能力	"我有能力搜集足够的雾霾风险信息"，"面对雾霾，我有能力做出正确的行为应对"，赋值同上	3.40	0.796
	自我效能感	"我采取的行为能够对控制雾霾起到一定作用"，"我采取的行为会获得认同和效仿"，赋值同上	3.44	0.796
	利益获得	"相较雾霾风险，目前我所居住的地方能给予我较大利益"，赋值同上	2.45	1.057
	相对剥夺感	"我觉得自己受到的雾霾危害比别人的大"，赋值同上	2.43	0.845
政府层面变量	政府信任	"在处理雾霾上，我认为政府部门是值得相信的"，赋值同上	3.20	0.911
	政府期待	"我期望能够得到政府的雾霾损害补偿"，"我期望政府实时监测并公布雾霾情况"，赋值同上	3.80	0.688
	政府作为	"我认为政府在处理雾霾上是有作为的"，赋值同上	2.98	0.986
	政府回应性	"政府能够快速回应公众关于雾霾方面的问题"，"政府能够较快出台措施应对雾霾风险"，赋值同上	2.67	0.861
	政府绩效	"政府已经出台的处理雾霾的措施是卓有成效的"，赋值同上	2.68	0.882

续表

变量		定义与赋值	均值	标准差
制度环境 层面变量	合作程度	"周围的人对防控雾霾是有责任心且愿意合作的",赋值同上	3.50	0.952
	公平程度	"政府处理雾霾的政策是公平的","在雾霾风险处理上我受到了公平的对待",赋值同上	2.88	0.911
控制变量	性别	经虚拟变量处理,男 = 1,女 = 0	0.38	0.486
	年龄	19 岁及以下 = 1,20～23 岁 = 2,24～27 岁 = 3,28 岁及以上 = 4	3.12	0.713
	学历	专科 = 1,本科 = 2,研究生 = 3	2.31	0.537
	伤害经历	有 = 1,无 = 0	0.55	0.498
	污染排名	城市实际污染情况排名,污染最高为 1,由高到低依次赋值	6.95	3.795

注:经测算整体量表 Cronbach α 信度值为 0.644,量表 KMO 值为 0.797,Bartlett 球形检验值达到 0.01 的显著水平,通过信度和效度检验。

1. 因变量

雾霾治理参与意愿是本研究实证模型的因变量,以问卷中的题项"我愿意参与志愿活动或政治活动以控制雾霾"加以定义和测量,并按照李克特五维量表方法进行选项赋值:完全不同意 = 1,比较不同意 = 2,一半同意 = 3,比较同意 = 4,完全同意 = 5。所有样本的治理参与意愿程度均值达到 4.25,说明调研对象雾霾治理参与意愿整体较高。

2. 个体层面变量

个体层面自变量包括威胁评估、应对评估和利益评估三个维度,分别表示个体在风险情境下所做的威胁、应对能力和可得利益的判断。依据保护动机理论,威胁评估用高校学生风险感知和负面情绪两个变量进行测量,应对评估以应对能力和自我效能感两个变量进行测量,利益评估用利益获得和相对剥夺感两个变量进行测量。具体变量定义和赋值如表 1 所示。数据分析发现高校学生雾霾风险感知均值为 3.98,负面情绪均值为 3.76,说明整体上调研对象认为雾霾风险较大且情绪比较焦虑。应对能力和自我效能感均值分别为 3.40、3.44，表明调研对象整体上认为自身具备一定的应对能力且应对行为会产生一定的效果，但水平不高。利益获得和相对剥夺感均值分别为 2.45、2.43，说明调研对象整体上不太认为其所居住的地方能给予其较大利益，且不太认为自己受到的雾霾危害比别人的大。

3. 政府层面变量

政府层面自变量包括政府信任、政府期待、政府作为、政府回应性、政府绩效五个变量，分别用以测量在雾霾治理中高校学生对政府的信任程度，对政府所寄予的期望，认为政府是否有作为，认为政府回应性是否强，认为政府是否有效。具体变量定义和赋值如表 1 所示。数据分析发现在这五个变量上均值分别为 3.20、3.80、2.98、2.67、2.68，表明调研对象整体上对政府的信任程度处于中等水平，且对政府寄予较高的期待，但认为政府在雾霾治理上的作为、回应性、政策绩效不高。

4. 制度环境层面变量

制度环境层面自变量包括合作程度和公平程度两个变量，分别用以测量高校学生对所处环境合作程度和公平程度的判断。具体变量定义和赋值如表 1 所示。数据分析发现在这两个变量上均值分别为 3.50、2.88，表明调研对象认为所处环境中他人在治理雾霾上合作意愿中等偏上，而制度公平程度则处于中等水平。

5. 控制变量

为了尽量减少内生性和异方差问题，本文在实证模型中纳入性别、年龄、学历、伤害经历、污染排名等人口和社会特征变量。其中性别经虚拟变量处理。数据显示，性别上男性占比 37.7%，女性较男性多。年龄 20 ～ 23 岁占比 52.1%，学历本科占比 61.9%，有过雾霾伤害经历的占比 55.3%。污染排名依次是石家庄、郑州、北京、西安、太原、成都、武汉、重庆、沈阳、淮南、上海、南昌、广州。

四　实证结果分析

基于理论假设和研究设计，本文采用 OLS 回归方法构建多层回归模型进行计量分析。模型一为基准模型，控制性别、年龄、学历、伤害经历、污染排名等人口和社会特征变量对高校学生雾霾治理参与意愿的影响。模型二到模型四依次纳入个体层面变量、政府层面变量、制度环境层面变量，探索这些变量对高校学生雾霾治理参与意愿的影响。回归结果显示，随着预测变量的纳入，模型整体解释力不断增强（见表 2）。

表 2　各层面自变量对高校学生雾霾治理参与意愿的回归结果

变量/模型	模型一	模型二	模型三	模型四
控制变量				
性别	−0.072	−0.076	−0.080	−0.094
年龄	−0.112	−0.041	0.036	0.073
学历	0.136	−0.008	−0.116	−0.112
伤害经历	−0.054	−0.075	−0.118*	−0.078
污染排名	0.143**	0.086	0.099*	0.102*
个体层面变量				
风险感知		0.124*	0.153**	0.149**
负面情绪		0.237***	0.189***	0.160**
应对能力		0.158**	0.169**	0.149**
自我效能感		0.231***	0.265***	0.281***
利益获得		−0.049	−0.018	−0.027
相对剥夺感		−0.159**	−0.169***	−0.173***
政府层面变量				
政府信任			−0.019	−0.084
政府期待			0.237***	0.224***

续表

变量/模型	模型一	模型二	模型三	模型四
政府作为			0.228 **	0.181 **
政府回应性			-0.153 *	-0.222 **
政府绩效			-0.120	-0.117
制度环境层面变量				
合作程度				0.218 ***
公平程度				0.139 **
R²	0.040	0.252	0.333	0.378
F 值	1.742 *	6.224 ***	6.180 ***	6.607 ***

注：此为 OLS 回归结果，表中为标准回归系数。模型的多重共线性检验结果显示，$0.4 <$ Tolerance < 0.9，$1 <$ VIF < 2.5，均处于合理范围内。最终模型调整后的 R^2 为 0.320。* $P \leqslant 0.10$，** $P \leqslant 0.05$，*** $P \leqslant 0.01$。

模型一纳入了控制变量，整体模型解释力为 4%。结果显示，随着雾霾污染排名的增加，高校学生治理参与意愿显著增强，说明并非污染越严重一定导致治理参与意愿越强。而性别、年龄、学历、伤害经历等变量对高校学生雾霾治理参与意愿无显著影响。

模型二纳入了个体层面变量，整体模型解释力为 25.2%，相较模型一解释力提升了 21.2 个百分点，显然个体层面变量能很好解释高校学生雾霾治理参与意愿的发生机制。纳入了个体层面变量之后，所有控制变量对因变量均无显著影响，污染排名变量的影响力被其他自变量吸收。风险感知对高校学生雾霾治理参与意愿有显著正向影响，风险感知越高则参与意愿越强。负面情绪同样显著正向影响高校学生治理参与意愿，焦虑感促进其治理参与意愿。结合风险感知和负面情绪两个变量的作用机制，可知雾霾风险威胁评估越高则高校学生治理参与意愿越强。应对能力和自我效能感对高校学生雾霾治理参与意愿有显著正向影响，说明他们会基于自身能力和行为的有效性做出治理参与的判断，也证明了雾霾风险应对评估越高则个体治理参与意愿越强。利益评估维度的利益获得变量对高校学生雾霾治理参与意愿无显著影响，而相对剥夺感对他们的雾霾治理参与意愿有显著负向影响。这表明如果个体觉得自己受到的雾霾危害比别人的大，则愈发不愿意参与雾霾治理，即利益损失越大则治理参与意愿越弱。据标准回归系数判断，模型二中负面情绪和自我效能感两个变量的解释力更强，在某种程度上证明高校学生雾霾治理参与意愿的原始发生机制核心受焦虑情绪和自我行为效能的触发。

模型三纳入了政府层面变量，整体模型解释力为 33.3%，相较模型二解释力提升了 8.1 个百分点，显然政府层面变量能在一定程度上增强对高校学生雾霾治理参与意愿发生的解释力度。此时在增加政府层面变量作用下，伤害经历和污染排名两个控制变量分别对高校学生雾霾治理参与意愿产生显著负向和正向影响。个体层面威胁评估、应对评估和利益评估三个维度的变量保持了模型二的作用机制。政府层面变量中政府信任对高校学生雾霾治理参与意愿无显著影响，而政府期待则有显著正向影响，即高校学生对政府所寄予的期望越高，则治理参与意愿越强。政府作为对高校学生参与意愿有显著正向影响，政府作为越积极，高校学生治理参与意愿越强。值得注意的是，政府回应性对高校学生参与意愿有显著负向影响，政府绩效具有相近程度的负向影响力（P 值为 0.165），即政府回应性和绩效越高，高校学生治理参与意愿越弱，这个结果与既有研究假设相悖。据标准回归系数判断，模型三中个体层面的负面情绪和自我效能感解释力更强，政府层面的政府期待和政府作为解释力更强。

模型四纳入了制度环境层面变量，整体模型解释力为 37.8%，相较模型三解释力提升了 4.5 个百分点，说明制度环境层面变量有助于增强对高校学生雾霾治理参与意愿发生机制的解释力度。污染排名控制变量保持了显著正向的解释力。个体层面和政府层面变量保持了模型三的作用机制，但个别变量的解释力强度有所调整。其中，在制度环境层面变量的作用下，相对剥夺感和政府回应性变量解释力相对提升，负面情绪和政府作为变量解释力相对下降。制度环境层面变量的合作程度和公平程度变量显著正向影响高校学生雾霾治理参与意愿，且合作程度的影响力更强，表明制度环境合作程度和公平程度越高，高校学生治理参与意愿越强。

上述四个模型的回归结果分析证明，雾霾风险威胁评估越高，高校学生治理参与意愿越强，假设 1 成立。雾霾风险应对评估越高，高校学生治理参与意愿越强，假设 2 成立。雾霾风险情境下利益损失评估越高，高校学生治理参与意愿越强，假设 3 不成立。对政府的期待越高，高校学生治理参与意愿越强，假设 4 部分成立并作出表述调整。政府作为越积极，高校学生治理参与意愿越强，假设 5 成立。政府回应性和绩效越高，高校学生治理参与意愿越弱，假设 6 不成立。制度环境合作程度和公平程度越高，高校学生治理参与意愿越强，假设 7 成立。

五　研究发现与讨论

围绕如何强化高校学生雾霾治理参与意愿这个议题，本文从个体层面、政府层面和制度环境层面探究了其治理参与意愿的影响因素和逻辑机制。经过回归分析和假设验证，建构起了高校学生雾霾治理参与意愿影响因素模型。结合已有研究发现，本文尝试做进一步讨论。

（一）高校学生雾霾治理参与意愿触发的因素分析

什么因素影响高校学生雾霾治理参与意愿的触发？对这个问题的回答至关重要，因为有效触发个体参与意愿才能更好地建构参与型雾霾治理格局。本文研究发现影响因素可从个体、政府和制度环境三个层面做归纳。

1. 个体层面的因素发挥根本影响作用

从多层回归模型分析结果可知，个体层面因素对高校学生雾霾治理参与的解释力最强，达到 21.2%，发挥根本影响作用，说明是否愿意参与雾霾治理，高校学生更多的是基于自我因素的考虑和评估。模型证实了个体层面的风险感知、负面情绪、应对能力、自我效能感和相对剥夺感的显著作用。其中自我效能感、负面情绪和相对剥夺感的解释力更强，表明高校学生是否愿意参与雾霾治理，首先考虑的是自我行为的有效性，如果认为行为确实能够减轻风险威胁，则更愿意参与进去，如果认为自身参与也不会产生理想的效果，则他们很可能会选择不参与。与自我效能感相联系的是应对能力，通常能力强者会有更高的效能感，进而更愿意参与治理。负面情绪和风险感知也持续显著正向影响高校学生的参与意愿，显然其不但如既有研究发现的会影响个体防护行为[①]，其还会影响集体行为。相对剥夺感是利益损失的表现，影响着高校学生的雾霾治理参与等集体行为意愿，这和有的学者研究发现的公民受到政府工作人员的不公平对待利益受损会显著增强其参与群体性事件的倾向这一结果相吻合。[②] 本文对个体层面因素的分析结果印证了保护动机理论在高校学生雾霾治理参与意愿研究中的适用性，即高校学生是否愿意采纳应对行为，会受威胁评估、应对评估和利益评估三方面结果的综合影响。但同时也拓宽了保护动机理论的解释范围，既有研究较多是运用此理论解释风险情境中个体自我防护行为意愿的生成[③]，本文证明了其在解释公益活动或政策活动等集体活动中行动者参与意愿生成的适用性。

2. 政府层面的因素发挥重要引导和调节作用

如回归模型结果所显示，尽管政府层面变量的解释力为 8.1%，不如个体层面变量的解释力高，但是政府层面和个体层面变量在标准回归系数上处于同一层级，即对高校学生雾霾治理参与意愿发挥同样重要的影响作用。主要表现在政府期待和政府作为对高校学生治理参与意愿的正向影响，政府回应性和政府绩效对高校学生治理参与意愿的负向影响上。值得注意的是，政府信任变量并未发挥预期影响作用，这与既有部分研究的发现相同[④]，可能其作用被政府期待变量所吸纳整合。政府期待变量在所有政府层面变量中解释力最强，说明高校学生对政府良善雾霾治理的期待能够促进自身的治理参与。政府作为同样具有显著正向影响作用，其与政府期待变量相结合，构成

[①] 李华强、范春梅、贾建民、王顺洪、郝辽钢：《突发性灾害中的公众风险感知与应急管理——以 5·12 汶川地震为例》，《管理世界》2009 年第 6 期。

[②] 易承志、刘彩云：《政治信任、相对剥夺感与群体性事件参与——基于 CGSS 2010 数据分析》，《广东行政学院学报》2017 年第 4 期。

[③] Bubeck, Philip, et al, . "Insights into Flood-coping Appraisals of Protection Motivation Theory: Empirical Evidence from Germany and France," *Risk Analysis*, 2018, (6): 1239–1257.

[④] 龚文娟、方秦华：《重化工项目环境风险评价与公众风险接纳研究》，《中国地质大学学报》（社会科学版）2017 年第 1 期。

了政府对高校学生的"吸纳型参与"模式。已有研究所发现的吸纳模式主要是政府主动通过动员、控制、压制、咨询、合法化等方式吸纳公众参与[1]，而本文发现政府吸纳不一定非得运用主动控制的方式，政府在雾霾治理中积极作为以及让社会成员持有期待感，同样能够实现社会成员吸纳。此外，政府回应性和政府绩效对高校学生治理参与的负向作用与既有研究假设相悖，这值得深究。政府回应和政府绩效主要集中在政府行为的结果上，通常认为政府回应和绩效应该同公众参与齐头并进，二者相互影响促进。[2] 但在雾霾治理上，政府行为结果的良好表现会与高校学生参与意愿形成替代效应，即政府回应性和绩效越强，则高校学生治理参与意愿可能越低，可能原因是高校学生如果认为政府风险治理效果较好，可继续将此事务交由政府，自身没必要参与其中。显然，政府层面因素对高校学生雾霾治理参与意愿发挥着重要的引导和调节作用。本文将其融合到个体层面变量中，拓宽了保护动机理论的变量解释维度，利于对影响机制的深化探讨。

3. 制度环境层面的因素发挥基础辅助作用

本回归模型中，制度环境层面的合作程度和公平程度两个变量贡献了4.5%的解释力，尽管占比较小，但是这两个变量的标准回归系数和其他层面变量处于同一水平。显然高校学生雾霾治理参与意愿不仅受个体和政府相关因素的影响，还会受到制度环境层面因素的作用。制度环境的合作程度和公平程度会显著正向促进高校学生雾霾治理参与意愿，即发挥着基础辅助作用。这就凸显了改善制度环境的重要性。制度环境层面变量在既有研究中属于较少运用的变量，本研究将其纳入理论模型之中，拓宽了保护动机理论的变量解释维度，有利于全面剖析雾霾治理参与意愿触发机制。而且需要强调的是，制度环境层面因素和个体层面以及政府层面因素是密不可分的，各自有其功能和角色，共同作用于高校学生雾霾治理参与意愿的发生。

---

① Joan M. Nelson. *Access to Power: Politics and the Urban in Developing Nations*, Princeton: Princeton University Press, 1979, p. 8.

② 崔建周:《效能政府建设应强化公众参与》,《理论探讨》2008 年第 3 期。

（二）高校学生雾霾治理参与意愿触发的逻辑机制分析

如何才能强化高校学生雾霾治理参与意愿？显然除了对其影响因素的归纳分析，还应该进一步探究由因素所组成的逻辑机制。基于回归模型数据分析和影响因素探讨，本文尝试总结高校学生雾霾治理参与意愿触发的逻辑机制。

1. "威胁—能力" 评估机制

这种机制意味着个体首先基于威胁程度和能力匹配的评估而决定是否参与雾霾风险治理行动。正如保护动机理论所认为的，个体产生保护动机是威胁评估和能力评估综合的结果，即个体做出保护行为既要提前感受到风险的威胁，还要认为自身有能力，且相信行为会有效。威胁程度太小、能力太弱或效能感太差都可能会消解高校学生的雾霾治理参与意愿。

2. "损害—利益" 权衡机制

这是一种理性人利害分析决策机制，即个体在面临风险时，会首先考虑风险可能会带来的损害，然后和可得利益进行比较，经过利害分析权衡之后，决定自己是否参与风险治理行动。如果损害较小且利益较大，则个体通常不会采取雾霾风险应对行为，也不会参与雾霾风险治理，而是接纳风险；如果损害较大且利益较小，则个体通常会采取行为应对雾霾风险，或自我防护，或参与治理，以减小风险损害。这符合既有文献的相关讨论。

3. "文化—认知" 建构机制

这个机制认为风险不但是客观存在的，同时也是人基于文化因素主观建构的结果。正如风险感知理论所认为的，个体在风险中受文化等系列因素的影响而产生风险感知，风险感知进而影响个体的心理状态和行为选择。[1] 如果个体对风险有较大感知，则更倾向于参与风险治理，反之，则不会触发参与意愿，邻避冲突即是经典例子。[2]

---

① 胡象明、王锋：《一个新的社会稳定风险评估分析框架：风险感知的视角》，《中国行政管理》2014 年第 4 期。

② 何艳玲：《"邻避冲突" 及其解决：基于一次城市集体抗争的分析》，《公共管理研究》2006 年第 6 期。

4."作为—吸纳"引导机制

这个机制展示了政府雾霾治理的积极作为会对高校学生参与形成吸纳作用，这种吸纳不是政府的强制行为，而是高校学生的主动选择。基于受政府良善治理图景和作为的"感召"，高校学生会主动产生参与其中的意愿。相反，无作为的政府，只会增加公众的风险恐慌。[①]

5."绩效—替代"挤出机制

这个机制反映了政府的有效雾霾治理会替代和挤出高校学生治理参与意愿，但与"作为—吸纳"引导机制并不矛盾，引导机制作用点在于政府行为，而挤出机制的作用点在于政府行为结果。这可能是在政府形成制度化的雾霾治理体系并取得显著的治理效果之后，高校学生会选择退出参与，而交由制度治理。有学者也因此提出了完善环境风险治理制度体系设计的倡议。[②]

6."环境—辅助"基础机制

这个机制体现了制度环境的基础辅助作用，形成合作性、公平性、法治化的制度环境，能够积极促进高校学生雾霾风险治理参与意愿的形成。而环境的不完善，可能会抑制参与意愿的触发，进而削弱风险治理中公众力量的发挥。[③] 这也是当前我国积极建设法治社会和推进文化发展的原因之一，以制度环境的构建和完善孕育出高效的公众参与治理型社会。

（三）高校学生雾霾治理行为意愿类型及关系分析

高校学生愿意参与还是不愿意参与治理，如果不愿意参与，可能会选择怎么做，怎样对此进行优化引导等是现代雾霾风险治理需要关注的问题。

1.高校学生雾霾治理行为意愿类型分析

高校学生倾向于如何应对雾霾风险？基于实践观察和调研数据分析，常

---

① 胡象明：《突发公共卫生事件应急决策的社会风险评估及其重要作用》，《广州大学学报》（社会科学版）2020 年第 4 期。

② 张瑞萍：《环境治理的协同融合和制度设计》，《学术界》2020 年第 9 期。

③ 卢愿清、史军：《论地球工程治理的公众参与》，《自然辩证法研究》2020 年第 10 期。

规而言，风险外面的人有进场和不进场的选择，风险里面的人有在场和离场的选择。因此，风险之中的人可以选择在场或者离场。离场是通过躲避的方式隔绝风险的损害，比如选择不接触风险，不在风险影响区域范围或影响时间范围内活动等。而在场则可能选择风险接纳或风险抗争。现代风险认知理论认为，按照风险的严重程度和人的接受程度，风险会经历人的主观建构的过程，从可接受风险到可忍受风险，最后发展为不可接受风险，相应的人们的行为会从接受、忍受到不接受。① 因此，风险接纳通常是个体在风险程度不高时的消极应对策略，按照程度从低到高可以分为风险接受和风险忍受。除了风险接纳，高校学生也有可能选择积极风险抗争，具体可分为自我防护和治理参与。自我防护是个体通过采取防护措施减缓风险损害。治理参与是个体行动起来参与集体行动消除风险或者抵制风险，如邻避运动。风险抗争还可以分为有序和无序两种，有序的抗争是雾霾风险治理的重要形式，需要配置相应的途径和渠道。而往往无序的抗争会引起群体性事件乃至社会动乱，因此需要政府的合理引导。显然，政府能够在高校学生风险应对行为意愿中发挥引导和规范作用。鉴于雾霾的长期性和广泛性，雾霾中的人不会在短期内选择离场，而是选择接纳或者抗争，长期内则会影响进场和离场的决策。总体而言，高校学生雾霾风险应对行为意愿模式类型如表 3 所示。

表 3　高校学生雾霾风险应对行为意愿模式类型

程度/态度	消极	积极
低	风险接受	自我防护
高	风险忍受	治理参与

2. 高校学生雾霾治理行为意愿类型状态和关系分析

本研究进一步的数据分析发现，高校学生在雾霾风险应对行为意愿上是选择风险接纳还是风险抗争存在着选择偏好。

其一，关于雾霾风险接纳，当提问"我自愿接受居住地的雾霾风险"

---

① 尚志海、刘希林：《国外可接受风险标准研究综述》，《世界地理研究》2010 年第 3 期。

时，36.3%的人表示完全不同意，33.5%的人比较不同意，18.5%的人一半同意，10.2%的人比较同意，1.4%的人完全同意。当提问"雾霾危害程度还在我的承受范围内"时，19.1%的人表示完全不同意，24.2%的人比较不同意，32.1%的人一半同意，22.3%的人比较同意，2.3%的人完全同意。显然，高校学生的雾霾风险接纳程度较低，甚至较多人认为雾霾危害程度超出了其承受范围内。

其二，关于风险抗争，在自我防护个体行为方面，53.3%的人选择去雾霾不严重的地区工作或生活，60.9%的人选择关注雾霾信息，48.8%的人选择尽量减少出门，81.9%的人选择外出佩戴口罩，26.5%的人选择定期去体检，56.3%的人选择平时注意卫生保健，8.8%的人选择听天由命。在治理参与集体行为方面，55.3%的人选择参与集体政策倡议行动，79.5%的人选择参与民意调查发表意见，34%的人选择向人大代表或者政府机构反映意见，34%的人选择联合朋友圈做出集体行为。显然，自我防护是高校学生更愿意采纳的风险应对行为，而治理参与的主要方式偏好是参与民意调查发表意见和参与集体政策倡议行动。

其三，值得注意的是，数据统计分析发现，高校学生雾霾治理参与意愿与雾霾接受意愿之间存在负相关关系，相关系数为-0.122，通过0.1的显著性检验。高校学生雾霾治理参与意愿与自我防护行为意愿之间存在正相关关系，相关系数为0.405，通过0.01的显著性检验。因此，不愿意参与雾霾治理的高校学生，可能会选择风险接纳或自我防护。

六　研究结论与启示

（一）研究结论

基于全国13个城市部分高校雾霾风险情境的调研数据，本文以保护动机理论为基础，从个体层面、政府层面和制度环境层面探究高校学生雾霾治理参与意愿的影响因素和逻辑机制，主要研究发现如下。

1. 关于高校学生雾霾治理参与意愿影响因素

个体层面中威胁评估维度的风险感知和负面情绪以及应对评估维度的应对能力和自我效能感对其有显著正向影响，利益评估维度的相对剥夺感对其有显著负向影响；政府层面中政府期待和政府作为对其有显著正向影响，政府回应性和政府绩效对其有负向影响；制度环境层面的合作程度和公平程度对其有显著正向影响。而且，个体层面的因素发挥根本影响作用，政府层面的因素发挥重要引导和调节作用，制度环境层面的因素发挥基础辅助作用。此外，伤害经历和污染排名也可能分别产生负向和正向作用。

2. 关于高校学生雾霾治理参与意愿触发的逻辑机制

主要存在"威胁—能力"评估机制、"损害—利益"权衡机制、"文化—认知"建构机制、"作为—吸纳"引导机制、"绩效—替代"挤出机制、"环境—辅助"基础机制。高校学生治理参与意愿触发可能同时受不同机制的混合调节。

3. 关于高校学生雾霾治理行为意愿类型及关系

意愿类型上，存在着风险接受、风险忍受、自我防护和治理参与等不同类型；意愿关系上，高校学生的雾霾风险接纳程度较低，甚至较多人认为雾霾危害程度超出了其承受范围。自我防护是高校学生更愿意采纳的风险应对行为，而治理参与的主要方式偏好是参与民意调查发表意见和参与集体政策倡议行动。不愿意参与雾霾风险治理的高校学生，可能会选择风险接纳或自我防护。

（二）政策启示

本文对高校学生雾霾治理参与意愿影响因素和逻辑机制的分析，最终落脚点还是围绕如何强化高校学生雾霾治理参与意愿这个核心问题。通过前文研究分析和讨论，可为此问题提供几点政策启示。

1. 以政府为主，通过积极作为吸纳高校学生等社会力量参与

以政府为主不是强调发挥政府对高校学生等社会公众的强制管控力，而是通过积极制定和落实持续性、系统性和制度化的雾霾治理措施，形成政府

对高校学生的柔性感召力和吸纳力，以此发动更多高校学生加入雾霾共治网络中，并清晰地界定政府和高校学生各自的责任和分工范围，避免政府行为对高校学生参与意愿的替代挤出，形成合作共治的格局，真正达成构建"政府统领、公众参与"新机制的政策目标。

2. 畅通雾霾风险信息传递沟通渠道，通过增加知情程度触发参与意愿

高校学生的雾霾治理参与意愿很大程度上基于对雾霾风险威胁程度、利益损害程度和自我应对能力的判断，而做出这些判断需要以充分的雾霾风险信息为基础。政府应支持全面深入研究雾霾的危害，尤其是对人体身心的直接威胁和潜在威胁，让高校学生明确雾霾的真实风险，并避免谣言的传播。同时，相关部门积极高效地监控和预测雾霾风险，做到信息及时透明公开可查询，并保障信息的真实性和有效性。此外，构建多元通畅的沟通渠道，形成政府与高校学生双向沟通的良性关系，让高校学生在接收信息的同时，也可以表达自己的态度和诉求，以完善的沟通渠道和平台为基础促进高校学生参与雾霾风险治理网络的形成。

3. 完善雾霾风险治理制度体系，为高校学生治理参与搭建良善的空间平台

政府应在既有法律法规的基础上，探索构建更适应当前雾霾治理现状的制度体系，让高校学生参与雾霾治理有法可依，有章可循。加强高校学生参与治理相关的文化教育和意识引导，形塑合作、公平的社会治理氛围，以合作性、公平性、法治化的制度体系支撑起高校学生治理参与的良善平台空间，促进更多其他公众群体生成治理参与意愿。

（三）研究不足与展望

本文的不足之处主要体现在，其一，调研对象集中在单独群体，今后可以拓展到社会其他人员群体，以增加理论模型的适用性和创新性。其二，不同维度下的变量设置有待丰富和完善，今后研究可容纳进更多客观数据来测量变量，以减少主观偏误和数据内生性问题，更好解释高校学生雾霾治理参与意愿的影响因素和机制。其三，今后研究可进一步探索雾霾治理参与意愿和参与行为的关系，深入探究背后的逻辑链条，激发公众雾霾治理参与行为。

信访治理 ■■■■■■■■■

新中国 70 年信访制度的变迁逻辑：
基于历史制度主义视角[*]

王　山　罗兴佐　黄洪凯[**]

摘　要：以历史制度主义为视角考察新中国 70 年信访制度的变迁逻辑，研究发现信访制度的变迁经历了创设、发展、完善、转型四个阶段。由于受社会文化认知、国家治理结构调整等因素的影响，我国信访制度变迁形成了"价值锁定""行为锁定""职责锁定"的路径依赖。我国信访制度的变革需要打破当前的路径依赖，适应新的制度生态，使其朝着治理导向、法治导向、服务导向发展。

关键词：历史制度主义　信访治理　信访制度

新中国成立 70 年来，我国信访制度经历了深刻的变迁，并仍处在持续演变之中，亟须我们对信访制度的发展变迁进行学术层面的分析解读。基于历史制度主义的分析视角，分析梳理新中国 70 年各级党政部门所制定的政策文件及法律法规发现，我国信访制度在这几十年的发展中不管是政策方针上的顶层设计，还是制度内容的具体实践，均存在着重大改变和明显差异，可以明显看出一条贯穿始终的历史线索即制度创新，其核心是探索一条适合

---

* 基金项目：2019 年重庆市社会科学规划项目（2019QNZZ05）、2020 年重庆市教育委员会人文社科重点基地项目（20JD007）。

** 王山，博士，西南政法大学政治与公共管理学院讲师、中国信访与法治中国研究中心研究员，主要从事当代中国政府与政治研究；罗兴佐，博士，西南政法大学政治与公共管理学院教授，主要研究方向为基层治理与中国政治；黄洪凯，西南政法大学政治与公共管理学院硕士研究生。

中国国情的信访制度发展路径。因此，本文对新中国 70 年信访制度的变迁进行梳理和政策文本解读，将新中国 70 年信访制度变迁的过程分为创设、发展、完善、转型四个阶段，并在此基础上，探讨中国信访制度变迁背后的逻辑，从而系统总结我国信访制度的成因和轨迹，以期为新时代中国信访制度的发展与创新提供宝贵经验。

一 变迁历程：新中国70年信访制度的历史描述

制度的变迁通常是镶嵌于历史进程的演变之中而非凭空产生的，对于新中国 70 年信访制度的变迁进行分析，须将其放置于不同发展阶段的历史空间，才能对新中国 70 年信访制度的变迁进行深入理解。本文依据政策文本制定的历史进程和演变逻辑将新中国 70 年信访制度的变迁分为以下四个阶段。

（一）信访制度创设时期 （ 1949~1976年 ）

新中国成立之后，人民群众在积极响应党和政府的号召投入各项建设的同时，以高度的主人翁意识和极大的热情，用信函和走访的形式为党和政府献计献策。1951 年 1 月至 3 月，中共中央办公厅秘书室就收到 19660 封来信。面对这种情况，中共中央办公厅秘书室向毛泽东同志做了《关于加强人民来信来访工作的报告》，毛泽东针对该报告做了 "必须重视人民的通信" 的批示（以下简称《批示》），开启了我国信访工作的制度化建设。《批示》指出各级党政机关应将信访工作看作 "共产党和人民政府加强和人民联系的一种方法"，各级党政机关 "应设立适当人数的专门机关或专门的人，处理这些信件"。随后，政务院下发了《关于处理人民来信和接见人民工作的决定》（以下简称《决定》）。《决定》作为我国首部信访工作的行政法规，从组织设置、人员安排、工作流程等方面对信访工作进行了规范①，为各级党政机关信访工作指明了方向，信访工作逐渐走向制度化和规

---

① 中央人民政府政务院：《关于处理人民来信和接见人民工作的决定》，1951 年 6 月 7 日。

范化。截至 1957 年，中央人民政府国务院秘书厅共有专职信访干部 70 人；中央各部委配备专、兼职信访干部将近 300 人①；各个行政大区和省政府也开始进行信访机构的设置，配备了专职干部，如青海省人民委员会将人民接待室改为人民来信来访处，工作人员由 3 人增加为 5 人。②

　　1957 年，中央政府召开了第一次全国信访工作会议。会议通过了《中国共产党各级党委机关处理人民来信、接待群众来访工作暂行办法》以及国务院《关于加强处理人民来信和接待人民来访工作的指示（草案）》（以下简称《指示》）两个文件。这两个文件首次将处理人民来信和接待人民来访看作"各级国家机关一项经常的重要政治任务"，并将人民群众通过向政府机关写信和要求见面接谈，看作"人民的一种民主权利"。《指示》与《决定》相比，从两个方面进一步规范了各级党政机关的信访工作。一是《指示》认为"县以上人民委员会一定要有专职人员或者专职机构"，将《决定》中的"专人"改为"专职"，避免了信访工作人员兼职化带来的业余化困境，进一步推动了信访工作的专业化发展。二是《指示》对各级党政机关的信访工作方法进行了总结，认为今后的信访工作应该"对群众提出的大量的各种各样的问题，必须分别'归口办理'"，并注重运用"委托下乡、下场干部带案下去、结合中心工作和经常业务等方法"③。从新中国成立至第一次全国信访工作会议召开，中共中央、国务院相继发布了《批示》《决定》《指示》等政策规章，推动信访制度在我国初步建立的同时，信访工作也正式被纳入法律规章制度体系中。面对繁杂多变的治理事项，自 1958 年开始，我国人民群众的信访活动成倍增长，在此背景下各级党政机关认为"人民接待工作是正确处理人民内部矛盾的一个重要方面，在贯彻执行总路线方面担负着光荣的任务"④，并在工作方法上提出了领导挂帅、

---

① 刁成杰：《周恩来与信访工作》，人民出版社，2014。
② 中央办公厅信访局、国务院办公厅信访局：《信访学概论》，中国方正出版社，2005。
③ 中华人民共和国国务院：《关于加强处理人民来信和接待人民来访工作的指示》，1957 年 11 月 19 日。
④ 郭凤岐：《天津通志·信访志》，天津社会科学出版社，1997。

专职负责等办法。

1963 年，原来很少出现的集体访也逐渐在各地呈现出来，每天上访达到四五百人次。① 面对此次信访高潮，部分党政机关依旧采取层层照转，导致各级党政机关十分被动，人民群众来信来访不但没能得到及时解决，反而造成挤压，使原本可以解决的问题显得更加复杂。为了应对这次信访高潮，中共中央、国务院颁布了《关于加强人民来信来访工作的通知》，指出"如此众多的群众到北京要求解决各种具体问题，这给中央机关的工作增加很多困难"。各级党政机关对信访工作做了新的安排，在实践中逐步形成了"分工负责""多办少转""只办不转"相结合的信访制度安排。1964 年，国务院秘书厅总结了一些地方来信来访工作的经验，发布了《人民来信来访工作的基本经验》，认为领导认真抓是做好来信来访工作的关键；专员公署以上各级国家机关，明确分工，推动组织是做好来信来访的保证；做好县一级的来信来访工作，是做好整个来信来访工作的基础；"三结合"（结合业务工作、结合政策研究、结合中心工作）是处理来信来访的基本方法。该文件使信访工作及信访制度建设在摸索中成长，得到了稳步的发展。②

（二）信访制度发展时期（1977~1995年）

党的十一届三中全会后，中央成立"中央机关处理上访问题领导小组"，并在全国范围内的省级机构成立相应的领导小组，专门接待来访者，宣传解释方针政策，调查个案的实际情况，解决信访问题。③ 1980 年，国务院和中共中央组织部先后下发了《关于维护信访工作秩序的几项规定》（以下简称《规定》）④ 和《各级党委组织部门处理来信来访工作暂行条例》（以下简称《条例》）⑤，对信访工作的秩序和组织部门的信访工作职责、

---

① 中华人民共和国中央人民政府：《关于加强人民来信来访工作的通知》，1963 年 9 月 20 日。
② 《人民来信来访工作的基本经验》，《天津政报》1977 年第 17 期。
③ 孙展：《"接访战役"能否化解信访洪峰?》《中国新闻周刊》2005 年第 19 期。
④ 中华人民共和国中央人民政府：《关于维护信访工作秩序的几项规定》，1980 年 8 月 22 日。
⑤ 中共中央组织部：《各级党委组织部门处理来信来访工作暂行条例》，1980 年 3 月 3 日。

范围、方法做了明确说明。《规定》首次对信访人的信访秩序进行了规范，指出来访人员已经接待处理完毕、本人坚持不走、说服教育无效的，可以由信访部门出具公函，公安部门协助，送民政部门管理的收容遣送站收容送回；来访人员中有伪造材料、冲击机关、强占接待室、串联来访人员闹事和殴打工作人员等违法行为的，由公安部门依法处理；来访人员中的麻风病患者，由信访部门通知卫生部门派人检查，其中有传染性的，由卫生部门负责处理，信访部门予以协助；而对于收容送回的来访人员，各地应根据具体情况，妥善处理。《条例》中将处理来信来访看作一项重要工作，而在《指示》中，信访工作被看作一项经常的重要政治任务，被各级党政机关看作一种特殊性的重要问题，伴随来信来访频率的增加，也推动着组织部门来信来访工作的常规化，从"经常的重要政治任务"转为"一项重要工作"，预示着来信来访成为这一阶段人民群众表达利益诉求的主要渠道，同时也成为党政机关的一项常规工作。

由于我国正处于从计划经济体制转向市场经济转型的历史时期，许多潜在矛盾开始显露，在改革开放之后群体性上访逐年上升。为此，中共中央办公厅信访局和国务院办公厅信访局于 1983 年 9 月向中央作出《关于当前群众集体上访增多的情况和处理意见的报告》，同年 10 月，中共中央办公厅和国务院办公厅批转了这个报告，并提出各地应根据第三次全国信访工作会议精神，因地制宜量力而行，集体信访群众到达北京之后中央部门要认真接待，对无理取闹、串联煽动上访的少数人，要给予批评教育，屡教不改的要严肃处理，触犯刑法的要依法惩处。随着我国改革开放进程的不断加快，外国人的来信来访逐渐增多，其涉及内容相当广泛。为了及时妥善地答复和处理外国人来信来访提出的问题，进一步加强与各国人民的友好联系和业务往来，我国各个地方开始不断地研究该问题。如 1986 年，安徽省人民政府办公厅下发了《关于处理外国人来信来访问题的意见》，该意见指出在回复外国人的信件时应以外事机构或对外公开机构的名义，用外文和中文书写。还要求各归口部门和常驻有外国人的单位，要把妥善处理外国人来信来访与广交朋友、深交朋友的工作结合起来。

1986 年 3 月，中共中央办公厅、国务院办公厅发出了《关于加强信访工作的通知》。该通知分析了国家提出当前信访工作的主要任务是处理人民群众来信来访中需要解决的现实问题，特别是经济建设和改革开放中的情况、问题和建议。从 1987 年开始，全国各地围绕信访工作均进行了有益的探索，1987 年黑龙江省人民政府办公厅制定了《关于省直机关归口接待处理群众来信来访的规定》，1989 年云南省人民代表大会常务委员会制定了《云南省公民信访条例》，1990 年甘肃省委办公厅制定了《关于受理检举控告党政干部来信来访的办法》等。除了针对信访工作中的具体事项进行专门的规定之外，甘肃省、吉林省、上海市、北京市、辽宁省、内蒙古自治区、天津市等地相继根据《中华人民共和国宪法》和有关法律的规定，结合各省自身实际，制定了各省的信访条例。各省信访条例的颁布为改革开放初期各省信访工作的开展指明了方向，然而，各省对于信访的界定有的则较为具体，而有的则较为宽泛，从而导致各个省市在具体信访工作中的差异化行为。全国各地信访工作的丰富多彩，为全国性信访法规的出台提供了客观基础。1995 年 10 月，我国第一部规范性的信访法规《信访条例》由国务院正式颁布并成为我国信访工作的基本法，也标志着我国信访工作逐步从规范化走向法制化。

（三）信访制度完善时期（1996~2011年）

城镇化进程的推进带来的社会资源、利益分配的不均衡，直接导致利益主体之间的纠纷、矛盾逐渐增加，信访总量开始持续上升，信访表现形式也日趋激烈，异常上访明显增多。2004 年，党中央建立了"集中处理信访突出问题及群体性事件联席会议制度"，这一制度的主要成员单位有中央办公厅、国家信访局等 28 个部门和单位。其主要职责是，了解、掌握信访突出问题及群体性事件的情况和动态，针对信访突出问题及群体性事件提出对策建议，组织协调有关方面处理跨部门、跨行业、跨地区的突出问题及群体性事件，督促检查有关部门和地方处理信访突出问题及群体性事件各项措施的落实。随后，在 2005 年，国务院颁布了新的《信访条例》，其中将办理信访的总原则由"分级负责、归口办理"改为"属地管理、分级负责"，并要求各级人民政府应当建立健全信访工作责任制，对信访工作中的失职、渎职行为，严格依照有关法律、行政法规和本条例的规定，追究有关责任人员的责任，在一定范围内予以通报，并指出各级人民政府应当将信访工作绩效纳入公务员考核体系。

2006 年党的十六届六中全会召开，全会提出构建中国特色社会主义和谐社会的战略任务。信访制度作为人民群众自下而上的表达、传递自身诉求的社会安全阀①，在构建和谐社会的实施政策体系中尤为重要。2007 年，党的十七大指出"妥善处理人民内部矛盾，完善信访制度，健全党和政府主导的维护群众权益机制"，应在已有信访制度基础上，进一步完善信访制度，助力和谐社会的构建。同年，中共中央、国务院颁发的《关于进一步加强新时期信访工作的意见》中指出，要"充分认识信访工作在构建社会主义和谐社会中的重要作用，进一步强化做好新时期信访工作的政治责任"。同时，对信访工作的指导思想、目标任务等予以明确，并强调信访的"县级处理"，重视信访问题高发、信访工作较为薄弱的区域，与信访制度发展前期提到的"重视县一级信访工作"相呼应，重视从基层解决问题。2009 年，中共中央、国务院下发《关于领导干部定期接待群众来访的意见》，规定市（地、州、盟）党委和政府领导干部，一般每季度安排一天时间接待群众来访，县（市、区、旗）党委书记、县（市、区、旗）长一般每月安排一天时间接待群众来访，对信访制度的县域管理予以制度层面的规范制约，创新信访制度的信息传播渠道，从自下而上到上下结合，各级领导干部深入群众队伍中了解信访群众的诉求，不仅促使信访问题本身得以解决，同时从信访问题映射出的社会不稳定因素中发现潜在的制度管理漏洞，并予以完善强化。2008 年以后，全国 2800 多个县的领导干部深入信访工作一线，仅半年时间，接待群众来访 87.9 万批次、387.4 万人次，促使许多

① 刘文沛、黄洪凯：《回归民主化轨道：信访制度的政治化及其制度重构》《山西高等学校社会科学学报》2018 年第 9 期。

信访问题得以有效解决。为更好地监督信访工作的开展，维护信访秩序，2008 年，多部门联合颁布《关于违反信访工作纪律处分暂行规定》，对违反信访工作纪律的有关行为制定了详细的处罚规则，这是新中国成立以来第一次对信访工作的责任追究问题做出专门规定。

（四）信访制度转型时期（2012年至今）

党的十八大报告明确指出，正确处理人民内部矛盾，建立健全党和政府主导的维护群众权益机制，完善信访制度，完善人民调解、行政调解、司法调解联动的工作体系，畅通和规范群众诉求表达、利益协调、权益保障渠道。伴随经济发展带来的贫富分化、权利滥用、政府公信力削弱等多重问题的深化，已有的信访制度在实践中产生了诸多问题[①]，信访制度开始步入全面深化改革的创新期[②]，并以法治化、网络化、责任化为发展导向。

首先，从法治化发展看。2013 年 11 月，党的十八届三中全会指出，要把涉法涉诉信访纳入法治轨道解决，建立涉法涉诉信访依法终结制度。从国家战略高度将涉法涉诉信访法治化解决等进一步予以肯定落实，自此为深化信访制度改革提供了有力支撑。为切实推进信访法治化，2016 年，国家信访局出台了《信访系统贯彻〈法治政府建设实施纲要（2015～2020 年）〉的实施方案》，对主要任务、实施步骤等关键事项予以确定，其中包含推进信访立法工作、推进依法分类处理信访诉求等，从而弥补《信访条例》在实践中的不足。次年，国家信访局就依法分类处理信访诉求出台《依法分类处理信访诉求工作规则》，将具体如何处理信访诉求进行规范，包含办理周期、交办流程，对优化信访工作具有指导性意义。2017 年 7 月，第八次全国信访工作会议传达了习近平总书记对信访工作做出的重要指示，要求加强法治建设，健全化解机制，不断增强工作的前瞻性、系统性、针对性，真正把解决信访问题的过程作为践行党的群众路线、做好群众工作的过程，不

---

① 杨平：《我国信访制度法治化改革研究——基于十八大以来信访规范性文件的分析》，《哈尔滨工业大学学报》（社会科学版）2017 年第 3 期。

② 张海波：《全面改革窗口期的信访制度改革》《南京社会科学》2016 年第 2 期。

断开创信访工作的新局面。

其次，从网络化发展看。互联网技术逐步渗透政府治理中，成为创新管理的一个有力手段。2013 年 7 月 1 日，国家信访局门户网站网上投诉窗口全面对外开放，自此，"互联网+信访"模式应运而生，民众可登录官方网站进行在线维权。从 2013 年的信访局网站网上投诉窗口的开放、2014 年国家信访局提出《关于推进信访工作信息化建设的意见》、2015 年国家信访局发布《信访事项网上办理工作规程（试行）》到 2016 年开通手机信访和微信信访来看，这一系列信访信息化举措将信访工作更加网络化、透明化、阳光化、可操作化。区别于上门信访、进京访、信件访等传统信访方式，网络信访打破了时空限制，实现了信访数据保存的永久性，为信访数据的跨区域统筹奠定了基础，并在一定程度上对信访人的个人隐私及人身安全起到保护作用，避免中途截访等群体性信访问题。然而，受互联网系统操作对专业技术的要求等限制，网络信访的惠民性难以普及广大信访人，故而在传统信访代理制度的基础上，创新性地衍生出"网上代理信访"模式。随着大数据、人工智能等技术的进一步升级，信访网络化将朝着"智慧信访"发展，衍生出新型信访模式，譬如温州的 12345 政务服务热线、北京的"智慧信访"大数据分析平台等。可见，"互联网+信访"已取得较好的成效，网络化信访正在实现更大程度的普及，将更好地实现"信访人"与"信访机构"的交互耦合。

最后，从责任化发展看。2014 年，中央办公厅、国务院办公厅联合出台的《关于创新群众工作方法解决信访突出问题的意见》指出，"推动信访工作制度改革，解决好人民群众最关心最直接最现实的利益问题"。从标题来看旨在从创新"群众工作方法"的视阈对解决信访问题给予指导支撑。①其中，完善联合接访运行方式从成本、效率、部门运作等维度做出考量及改善，引导群众依法逐级反映诉求，呼应了《信访条例》中的属地管理的原

---

① 田先红、罗兴佐：《"群众"抑或"公民"：中国信访权利主体论析》，《华中师范大学学报》（人文社会科学版）2016 年第 5 期。

则，调整完善信访工作考核评价体系，从一定程度上预防源头信访，倒逼各地重视信访问题的实质，强化信访制度的责任化。为切实有效指导信访主体逐级反映，国家信访局出台《关于进一步规范信访事项受理办理程序引导来访人依法逐级走访的办法》，对信访的操作性流程给予规范，深化了"逐级信访"的理念。2016 年，国家出台《信访工作责任制实施办法》，旨在将信访责任对接到具体的责任主体上，监督责任主体的履职情况，在赋予权利的同时肩负使命和责任，通过制度性政策约束责任主体严肃处理信访人的诉求，采取合理合法的办法推进信访问题的解决，避免利益捆绑、责任规避等产生的"信访无为"，从而避免产生"灰色信息带"，即信访问题处理的全过程呈现半透明化或非公开化，阻碍信访全链条的追溯、跟踪、互动。2018年，司法部对外公布了修订后的《司法行政机关信访工作办法》，提出将信访工作绩效纳入公务员考核体系中，对信访工作中失职、渎职行为的相关人员依法追究责任。总之，重视信访制度的责任化导向，提升信访治理责任主体的使命感及荣辱感，有助于为维护广大人民群众的基本利益提供有力保障，强化信访制度基本功能的有效实现。

二　变迁逻辑：新中国70年信访制度的发展机制

新中国成立 70 年来，我国信访制度的变迁有其发展的深层结构，也有路径依赖带来的发展困境，正是在多种结构性因素的共同作用下，信访制度才实现了持续的发展和变迁。

（一）信访制度变迁的深层结构

历史制度主义认为，不同历史时期的社会机制、权力结构、思维习惯对制度形成和发展产生重要的影响，决定着制度的形成机制和变迁方向。这一"制度的深层结构"主要是由国家治理结构与文化认知结构形成的宏观结构。

1. 信访制度变迁与文化认知结构

理念是制度变迁的重要变量，影响着制度变迁的选择和结果。当我们将信访制度放置于长久的历史脉络时，就会发现社会公众对信访制度的文化认知直接影响着信访制度的形成和发展。信访制度与我国传统文化有着不可分割的联系，是一种古已有之的社会现象。早在原始社会末期就有"进善旌""诽谤木""敢谏鼓"的记载，秦汉之后直到清代诸如公车司马、邀车驾、谒者台、匦使院等①制度也都暗合于当代中国信访制度的精神。特别是在古代"家国合一"的政治文化认知下，官员被看作爱民如子的"父母官"，百姓成为"子民"，这就使得社会纠纷问题成为"家庭"内部问题，导致维系"家国"体系的根本在于道德而非法律，在处理纠纷时人们倾向于首选"礼"而非"法"。② 即使公众向其"父母官"寻求帮助，国家也希望试图通过思想劝导、榜样示范等多种方式提高民众的道德水平达到"抑讼"，以实现社会"无讼"③，"说理"和"教化"成为纠纷解决的主要方式。时至今日，这种以"说教"为主的治理方式依旧是处理信访纠纷的核心，如在《信访条例》中就明确指出，信访工作应秉持"解决问题与疏导教育相结合的原则。"

2. 信访制度变迁与国家治理结构

中国信访制度的变迁除了受文化认知结构的影响之外，也与中国的国家治理结构转型密切相关。一方面，信访制度的治理主体呈现由"一元"向"多元"的转换。改革开放后的很长一段时间，信访部门在工作方法上秉持着"宜做不宜说"④ 和"怕引火烧身"的观念⑤，习惯于"关起门来做事情"，形成了政府一元的管理结构。当前越来越多的信访诉求已不是某一个部门的工作，而是关系全局、牵涉各方的工作，仅依靠信访部门自身，根本

---

① 吴秋林：《古代的信访制度》，《政府法制》2010 年第 10 期；刘顶夫：《中国古代信访源流考》，《湘潭大学学报》（哲学社会科学版）2005 年第 2 期。
② 段蔵：《人民信访制度：传统文化根基与现代转型》，《河南社会科学》2015 年第 10 期。
③ 吴超：《当代中国社会转型与信访治理》，《毛泽东邓小平理论研究》2011 年第 11 期。
④ 于东洋：《电视信访节目中"电视"和"信访"的关系》，《当代电视》2015 年第 9 期。
⑤ 张巍婷：《"阳光信访"构建中的媒体参与研究》，《传媒》2015 年第 21 期。

不可能解决所有的信访问题。① 2014 年，中共中央办公厅、国务院办公厅印发了《关于创新群众工作方法解决信访突出问题的意见》，明确指出完善联合接访运行方式，推行律师参与接访、心理咨询疏导和专业社会工作服务等第三方介入的方法，促进问题解决。2017 年司法部、国家信访局发布《关于深入开展律师参与信访工作的意见》，旨在将"人治"与"法治"相结合，共同致力于信访制度的法治化改革。让律师参与信访工作不仅增加了信访问题甄别判断的合法性，同时弥补了现有机构在分析判断上法律知识欠缺的短板，可进一步提高民众的信服度，避免重复信访，将信访法治进一步予以落实。另一方面，信访制度的治理机制呈现由"依附集体"向"关注个体"的转型。新中国成立后，在城镇地区国家通过"单位"对社会个体进行管理②，而在乡村则通过合作社对社会个体进行管理。单位和合作社等"集体组织"成为国家进行社会控制和社会整合的组织化形式，扮演着国家和人民群众之间的接点组织。在"依附于集体"的国家治理结构下，信访制度也按照"'归口交办'的原则，依靠各个企业部门和工作单位，结合各自的业务和工作进行处理……处理群众的问题要采取多种多样的方法，例如，委托下乡、下厂干部带案下去，结合中心工作和经常业务，处理有关问题"。改革开放之后，依附于国家的"集体"逐渐松动，个人逐渐从"集体"中分离出来，一个个独立的信访个体呈现在国家面前，传统链接接点"集体组织"已经不能起到其自身的治理功能，"归口管理"的方式已不再能适应信访治理的需求。2005 年，国务院颁布的《信访条例》中将"归口管理"改为"属地管理"，以更好地对分散的信访个体进行管理。2007 年，中共中央、国务院发布《关于进一步加强新时期信访工作的意见》，进一步指出将信访的末梢神经前移，通过"整合社会管理资源，形成做好信访工作的强大合力，健全信访问题排查化解机制，把信访工作的重心从事后处理转移到事前排查化解上来"。

---

① 吴超：《当代中国社会转型与信访治理》，《毛泽东邓小平理论研究》2011 年第 11 期。
② 李路路、苗大雷、王修晓：《市场转型与"单位"变迁 再论"单位"研究》，《社会》2009 年第 4 期。

（二）信访制度变迁的路径依赖

历史制度主义的突出特征是关注制度的历史继承性和延续性。这种历史继承性和延续性极有可能产生锁定效应，一旦某种制度被"锁定"之后，便会沿着同一条路径深入下去进入路径依赖。

1. 信访制度变迁中的"价值锁定"效应

任何一项制度都是某种价值的体现，反过来讲，任何一种价值理念其客观存在必然体现在相应的制度上。① 新中国 70 年信访制度变迁的源头是新中国成立伊始党的群众路线的贯彻落实，正如毛泽东同志《批示》中所言："要把这件事（信访）看成是共产党和人民政府加强和人民联系的一种方法。"信访制度从建设之初便凝聚着党和政府与人民群众联系纽带的共识，为密切联系群众、全心全意为人民群众服务提供了必要的前提。新中国成立 70 年来，信访制度所蕴含的这种价值从来不曾退去，在 2007 年《中共中央国务院关于进一步加强新时期信访工作的意见》中把信访工作当作"党的群众工作的重要组成部分"，2014 年《关于创新群众工作方法解决信访突出问题的意见》中指出"推动信访工作制度改革……进一步密切党同人民群众的血肉联系"。信访制度已然成为我国党和政府与人民群众保持联系的重要方式，也是人民群众参政议政的有效渠道，在这样的"价值锁定"效应下，信访制度价值的话语构成各级党政机关行动的自我意识和规范视野，不仅推动着信访制度的不断完善，而且为其演进设计好了一条内在的发展轨迹，即一方面坚持以信访的方式与人民群众保持紧密联系，满足人民群众的合理诉求和接受人民群众的监督；另一方面继续深化信访制度改革，推动信访制度的创新发展。如 2014 年，国家信访局制定了《信访事项办理群众满意度评价工作办法》，指出信访人（即评价主体）可以对各级人民政府信访工作机构和有权处理机关（即评价对象）办理信访事项工作情况做出评价。信访制度所蕴含的与群众密切联系的价值意蕴与信访制度改革之间是相互支

---

① 刘祖云：《"服务型政府"价值实现的制度安排》，《江海学刊》2004 年第 3 期。

援的，这种价值规范直接将信访制限定在接受人民监督和为人民服务的价值范围内，与此同时，信访制度的有效运转也强化着人民群众通过信访参与国家事务管理和反映个人利益诉求的价值观念。

2. 信访制度变迁中的"行为锁定"效应

一项制度一旦被固定下来，行动者对该制度的预期适应性的增加往往会导致其习惯于从旧有的制度中寻求指导，当多数人都持有同样的认知，并采取同样行为模式的时候，该制度进一步被强化。① 一是信访人的"行为锁定"。新中国成立之初至改革开放前期，我国将信访看作密切联系群众的方式方法，鼓励人民群众以信访的方式参与对国家事务的管理，然而，在此期间，由于信访秩序的混乱导致各级党政机关处于被动的适应方，进而使得各级党政机关一直处于根据外部信访生态的变化进行制度设计，这一时期的信访制度设计主要围绕党政机关处理信访事项的原则、机制等方面，对于信访人的行为和秩序则"疲于应付"，在信访制度设计上较少涉及，导致信访人的无秩序信访行为成为习惯。改革开放 40 多年来，虽然我国多次对信访秩序进行规范，但是无序信访依旧是人民群众来信来访的主要特征。虽然信访制度已由新中国成立初期所倡导的"进京信访"到现在所提倡的"逐级上访"的转变，信访人信访行为在信访制度的规训下虽有一定程度的改变，但是"进京信访"依旧对信访人有很强的行为诱惑力，进而导致信访制度创新成为"虚假创新"。二是党政机关的"行为锁定"。中央政府通过信访制度以实现与地方各级政府部门的职责分配，调整各级党政机关与信访人之间的利益关系，进而实现信访事项的有效处理。然而，由于政府部门间存在着部门利益，各级党政机关在信访治理中存在"趋利性"，导致上级政府在信访制度设计中形成"利益依赖"，在信访制度的整体性这则架构中形成上级政府的"避责"与下级政府的"担责"怪圈。特别是始于 2005 年的信访排名虽已取消，但是在具体的实践中，上级政府依旧按照上访数量和频次对

----

① 罗红艳：《我国公立大学治理政策变迁的制度逻辑——基于历史制度主义的分析》，《中国高教研究》2014 年第 3 期。

下级政府进行考核。这就导致基层政府在面对不合理诉求的信访事项时，往往夹杂在上级政府压力和信访人之间，最后不得不在这种压力下而妥协，形成"诉求（合理/不合理）不满足—越级上访—基层政府妥协"的路径依赖。正如历史制度主义者所言，制度框架中正式规则的确立将会导致大量的与之相适应的非正式规则的产生，共同构成一个制度的矩阵结构，使人们习惯于既定的制度框架，并在历史进程中学会了"趋利避害"的生存发展，进而反过来强化制度本身。① 这些相互交错的正式制度与非正式规则之间形成了彼此的强化效应，使得制度变迁成本不断上扬，政府行为则更倾向于保持原有路径的锁定状态。

　　3. 信访制度变迁中的"职责锁定"效应

　　新中国成立前夕，面对人民群众来信来访数量的增多，党和政府随即成立相关部门专门处理群众来信和接待人民来访。1949 年 4 月，中共中央书记处政治秘书室正式成立，由任弼时担任主任，主要职责是处理各地群众写给毛泽东主席的来信，从这时起党中央便设立了处理人民来信的专职机构和专职人员，形成了我国信访部门的雏形，不久，中共中央决定撤销政治秘书室，成立中共中央办公厅秘书室，继续从事原来政治秘书室的工作。② 新中国成立后，形成了由中共中央办公厅、中央人民政府委员会办公厅、政务院秘书厅、总理办公室③构成的信访组织体系。然而，新中国成立不久，便出现了机构膨胀的困境。1950 年 11 月，中央进行机构裁撤，中央党政机关的来信来访工作的机构由最初的 4 个合并为 2 个，即中共中央办公厅和政务院秘书厅。虽然信访部门组织架构出现转变，但是信访机构的职责则一直定位于"秘书部门"，即外界比喻的"秘书"或者"邮局"。虽然中央政府在1977 年成立了中央办公厅信访局，1980 年撤销中共中央办公厅和国务院办公厅人民来访联合接待室，中共中央办公厅、全国人大常委会办公厅和国务

　①　卢现祥：《新制度经济学》，武汉大学出版社，2004。
　②　中央办公厅信访局、国务院办公厅信访局：《信访学概论》，中国方正出版社，2005。
　③　刁成杰：《周恩来与信访工作》，人民出版社，2014。

院办公厅分别成立人民来访接待机构,① 1986 年中央办公厅信访局和国务院办公厅信访局合并,成立了中央办公厅公务员办公厅信访局,2000 年又在二者基础上组建了国家信访局,多次对信访机构进行改革,试图重构信访部门的职责定位,但是制度效果并不理想,信访部门的职责深深地陷入负责人民群众来信来访的"转达和转办"的路径依赖之中。时至今日,信访治理中信访部门仍旧处于"上传下达"和"左传右递"的职责定位中,信访部门在信访治理体系中经常夹杂在信访人和信访事件管理部门之间,并没有处理信访事件的"权",但是却承担着信访事件的"责"。这充分体现了路径依赖带来的惯性力量,因为按照政府组织机制的既有路径和既定方向往前走,总是比另辟蹊径要方便得多。

三　结论与讨论

本文采用历史制度主义的研究途径,描述并分析了新中国 70 年信访制度的变迁,较为完整地展现了信访制度从创设、发展、完善再到转型的发展过程,解释信访制度变迁中的诸多影响因素。信访制度在发展过程中经历了多个"峰谷点",逐步与政治、经济、社会结构发展相适配。同时,信访制度的变迁与演变往往受到制度"临界点"和历史环境的深层次结构的影响。从信访制度变迁的"临界点"来看,本文梳理了信访制度变迁经历的四个阶段,着重分析了每个"临界点"中特定历史事件对信访制度变迁的影响。从制度发展的角度看,尽管制度在不断地演变和创新,但是制度依旧陷入了"锁定"的状态,也就是陷入了所谓的"路径依赖"。而随着中国特色社会主义进入新时代,特别是社会主要矛盾的转变,对中国信访制度的变革带来了决定性的影响,信访制度逐渐走向治理导向、法治导向、服务导向。

---

①　吴超:《当代中国社会转型与信访治理》《毛泽东邓小平理论研究》2011 年第 11 期。

（一）信访制度的治理导向

早期信访制度被看作一项"政治任务"，旨在通过政治运动的方式动员人民群众参与国家建设，宣贯国家相关政策方针，提高政策认同感。后期信访制度"去政治化"的色彩逐步显现，逐步向"治理导向"发展，即更多地关注信访人的合理诉求，保护社会公众的个人利益，从国家的"政治动员工具"转变为国家的"社会治理工具"。虽然有时还将信访看作"政治任务"，但是其核心已经不再是"运动式信访"，而成为"治理型信访"，强调信访人与信访治理机构之间的良性互动，重视维护有序的信访秩序，打造和谐稳定的信访运作机制。其中，信访人与信访治理机构是同一利益场，二者的良性互动可避免信访信息不对称及信访问题滞留、积压爆发；信访实践在发展中出现信访无为、信访异化等多重逆向发展问题，而新时期通过重视县级信访治理、信访人行为规范等措施，致力于维护有序的信访秩序，保障信访人的基本人身安全；随着各类信访相关的条例、指示、规则、意见等行政法规的出台，信访运作机制得以规范，信访流程进一步完善细化，促进信访治理的高效进行。

（二）信访制度的法治导向

新时期逐步剥离信访任务、厘清边界制定信访治理清单、引入第三方（律师）主体甄别处理信访问题、考虑制定相关信访法律法规等客观化的治理思维，不仅可减少由主观思维渗入带来的信访不公、责任不明等问题，而且采用较为客观化的衡量标尺处理信访问题，一定程度上可避免信访问题的横向对比带来的信息不对称，促进信访问题治理的公信力的塑造。另外，在赋予权力机构"法治"行为理念的同时，为了更好地监督信访机构在实践中的具体行为，新时代信访制度重视对"责任"的划定，厘清信访机构之间的权责划分。通过将信访工作纳入公务员考核体系，进行阳光问责等措施，为实施法治化战略提供对向监督，保障了信访制度法治导向的发展。总之，在信访制度的法治导向中，增加了信访治理机构的权威性，塑造了信访治理结果的公信力，促进了信访行为的合理合法化，对信访双方主体的行为均有约束规范作用。

（三）信访制度的服务导向

　　早期的信访制度将信访行为看作地方治理不佳产生的后遗症，通过政绩要求、信访排名等自上而下的行政约束，诸多地方采取消极对待的方式抑制、管制信访行为。随着对人民民主权利的重视、服务型政府的构建，信访制度逐步向"服务导向"发展，强调根植于人民群众中，扮演一名"售后型"的服务者，旨在协助政府机关解决疏通政策实践中产生的与实施客体之间的不适配，为人民群众表达自身诉求提供一个合理合法的渠道。在治理方法上，新时代的信访制度更是一个全方位的治理范式，不仅对信访人的基本事件诉求予以解决，而且对信访人的心理诉求予以关注，结合思想与心理进行双向疏导；在受访方式上，传统的信访行为是自下而上的单向行为，而后期通过领导定期接访等手段，为信访人构建一个双向沟通的渠道，从被动接收信访人的诉求到主动获取倾听信访人的意见；在信访手段上，重视用户体验，结合新时期群众的需求，通过搭建网站信访、微信等移动信访平台，实行网上信访代理等，不断地提高信访人的用户体验效果；在信访评价上，重视群众满意度指标对优化信访治理主体服务质量的重要性，形成良性的监督循环体系，倒逼信访主客体的文明信访。通过柔性化的服务型信访，扩大信访人对国家机构的包容阈值。

稿　约

　　《国家治理与公共安全评论》2020年创刊，是由西南政法大学期刊社指导、政治与公共管理学院主办的政治学与公共管理类学术集刊。

　　本刊坚持以习近平新时代中国特色社会主义思想为指导，致力于国家治理、公共安全治理等相关领域的学术研究，为理论研究者与实践工作者传递学术信息与实践动态，搭建学术研究与实践创新的交流平台。

　　本刊设有国家治理、社会治理、公共安全、基层治理、比较借鉴等栏目；同时，根据实践需要和学术热点，推出特色栏目。本刊侧重于刊发政治学、公共管理、法学、社会学、公共政策等多学科在实证研究与理论探索层面的最新成果。

　　《国家治理与公共安全评论》每年分6月刊和12月刊两辑，由社会科学文献出版社出版，并纳入该社集刊方阵，严格按照集刊准入标准进行建设。诚挚向海内外专家学者征集稿件。

　　一、稿件要求

　　1. 本刊用稿范围包括但不限于专论、研究报告、智库成果、学术争鸣、译介书评等。来稿请发送至：guochunfu@163.com。

　　2. 来稿必须是未发表的学术作品，具有创新性、学术性、科学性和准确性、规范性、可读性。凡采用他人学说，必须加注说明。

　　3. 来稿字数以不少于1万字、不超过2万字为宜。来稿切勿一稿两投或多投。文稿自收到之日起，2个月内本刊发出是否录用通知；逾期请及时通过邮件向编辑部查询。

　　4. 论文要求有题名、摘要、关键词、作者姓名、工作单位（名称、省市邮编）等内容。

5. 基金项目和作者简介按下列格式。

基金项目：项目名称（编号）。

作者简介：姓名（出生年－）、性别、民族（汉族可省略）、籍贯、职称、学位、研究方向。

6. 本刊注释方式采用脚注与尾注方式。尾注以参考文献标示出，参考文献列出的一般应限于作者直接阅读过的发表在正式出版物上的文献。其他相关注释可用脚注在当页标注。参考文献的著录应执行国家标准 GB7714－87 的规定，采用顺序编码制。

二、几点说明

1. 所有来稿将按照编辑初审、同行专家评审和编委终审进行处理。编辑部将根据评审意见公平、公正地决定稿件的取舍。

2. 稿件文责自负。编辑部对来稿有权做技术性和文字性修改，实质性内容修改须征得作者同意。

3. 凡向本刊投稿者均同意文章经本刊发表后，其著作权中的财产权（含各种介质、媒体及各种语言、各种形式）即让与本刊。作者如不同意，请在来稿中申明。

《国家治理与公共安全评论》编辑部

图书在版编目（CIP）数据

国家治理与公共安全评论. 2021 年. 第 1 辑／罗兴佐
主编. -- 北京：社会科学文献出版社，2022.2
　　ISBN 978-7-5201-9745-8

　　Ⅰ.①国⋯　Ⅱ.①罗⋯　Ⅲ.①国家-行政管理-中国
-文集②公共安全-安全管理-中国-文集　Ⅳ.
①D630.1-53②D630.8-53

中国版本图书馆 CIP 数据核字（2022）第 022710 号

国家治理与公共安全评论　2021 年第 1 辑

主　　编／罗兴佐

出 版 人／王利民
组稿编辑／任文武
责任编辑／王玉霞
责任印制／王京美

出　　版／社会科学文献出版社·城市和绿色发展分社（010）59367143
　　　　　　地址：北京市北三环中路甲 29 号院华龙大厦　邮编：100029
　　　　　　网址：www.ssap.com.cn
发　　行／社会科学文献出版社（010）59367028
印　　装／三河市东方印刷有限公司

规　　格／开　本：787mm×1092mm　1/16
　　　　　　印　张：11.5　字　数：170 千字
版　　次／2022 年 2 月第 1 版　2022 年 2 月第 1 次印刷
书　　号／ISBN 978-7-5201-9745-8
定　　价／78.00 元

读者服务电话：4008918866

版权所有 翻印必究